RECUEIL

DE PLANCHES,

SUR

LES SCIENCES,

LES ARTS LIBÉRAUX,

ET

LES ARTS MÉCHANIQUES,

AVEC LEUR EXPLICATION.

GRAVURE - SCULPTURE

A PARIS,

AVEC APPROBATION ET PRIVILEGE DU ROY.

GRAVURE,

EN TAILLE-DOUCE, EN MANIERE NOIRE, MANIERE DE CRAYON, &c.

CONTENANT NEUF PLANCHES.

L'ART de graver confidéré du côté méchanique, nous a déterminé fur le choix des *figures* qui compofent ces Planches; les explications que nous y joignons en démontreront l'utilité : avec le fecours de ces premieres notions pratiques, les commençans pourront fe tirer plus aifément des difficultés de l'exécution dans les différens genres de gravure.

Les premiers exercices de ceux qui veulent s'initier dans cet art, font ordinairement de copier quelques bons exemples gravés dans quelque genre que ce foit; mais de quelle utilité fera cette étude, fi l'éleve n'eft pas déjà éclairé par une théorie pratique, s'il ne fait point analyfer ce qu'il copie ? Il acquerra à la vérité une routine, une habitude de faire, mais qu'il ne faura pas appliquer à un fujet neuf qu'il graveroit immédiatement après. Quel fera l'embarras d'un commençant tel que nous le fuppofons, fi lorfqu'en comparant différens morceaux d'un même maître, il s'apperçoit que l'artifte a traité différemment des objets de même nature, de même efpece ? il attribuera fans doute ces variétés à un goût arbitraire, parce qu'il ignorera le motif qui a déterminé à faire d'une maniere plutôt que d'une autre, & que les objets de même nature, mais qui fe trouvent dans des oppofitions différentes relativement à d'autres, doivent être rendus en gravure par des travaux différemment variés & oppofés. D'ailleurs la même maniere de graver n'eft pas toujours propre à rendre le goût du pinceau qui caractérife les différens peintres d'après lefquels on grave.

Un graveur deviendroit monotone & bien peu utile s'il exécutoit avec le même travail, les tableaux de *Raphaël*, du *Guerchin*, du *Dominiquin*, de *Rubens*, de *Michel-Ange*, &c. puifqu'il manqueroit par-là le but qu'il doit fe propofer de nous faire connoître, autant qu'il eft poffible, les talens & le ftile de chaque peintre, qui fe caractérife chez les uns par une touche franche, hardie, & dans un enfemble fait avec liberté & avec feu; chez les autres par un fini plus moëlleux, plus fuave, des contours plus fondus, des touches plus indécifes, &c. ces différentes modifications font point incompatibles avec la belle gravure, & c'eft le moyen de rendre cet art fi agréable & fi intéreffant par lui-même, utile à l'hiftoire de la peinture. Les plus célebres graveurs dans tous les genres fourniffent la preuve de ce que nous avançons : c'eft à leurs productions que nous renverrons, fuivant les cas.

Toutes ces propriétés de l'art auroient demandé ici un nombre confidérable d'exemples, mais notre intention n'eft point de prefcrire une maniere de graver comme particuliere à un genre ou à un peintre ; nous ne pouvons donner que des principes généraux fur le méchanifme, c'eft au graveur à confulter fon goût & fon intelligence, fuivant le cas, & fuivant ce que le tableau lui infpirera. On doit feulement fe mettre en garde contre une maniere habituelle, qui n'étant pas placée à propos, n'eft propre qu'à en impofer aux demi-connoiffeurs, foit par un travail propre, égal, & fervilement arrangé ; foit par un travail libertin & par-tout fans ordre ; efpece de mérite qui fe trouvant deftitué de goût & d'intelligence, ne prouve dans l'un que l'adreffe & la patience, & dans l'autre que le manque des talens néceffaires pour varier fes travaux.

La gravure doit être précédée par l'étude du deffein, cet art en eft la bafe : c'eft le germe du goût qui doit la vivifier. Nul fentiment, nul progrès en gravure fans une expérience confommée dans la pratique du deffein. Enfin la feule différence qui foit entre ces deux arts, s'il eft vrai qu'il y en ait une, ne confifte que dans les

Nº. 6.

moyens d'opérer, la matiere fur laquelle on opere, & le chemin plus court ou plus long qu'il faut tenir pour arriver au même but ; tout leur eft égal d'ailleurs, principes, harmonie, goût, intelligence, ils ont chacun la nature pour modele. *Voyez* les Planches du *Deffein*.

PLANCHE Iere.

La vignette repréfente un attelier où on a raffemblé les principales opérations de la gravure à l'eau-forte & au burin.

Fig. 1. Un graveur qui vernit une planche au vernis mou. *a* eft la planche placée fur un réchaud. *Voyez* les inftrumens & la maniere d'opérer, *Pl. II. fig* 1.3.4.

1. *bis*. Repréfente un homme qui noircit le vernis. On fuppofe ici que la planche eft trop grande pour la pouvoir foutenir d'une main, tandis que de l'autre on tient le flambeau : voici comme on s'y prend en pareil cas. On paffe dans un piton attaché au plancher, quatre cordes d'égale longueur, *b, c, d, e*; chacune de ces cordes a une boucle à fon extrêmité; on fufpend le cuivre que l'on veut noircir par fes quatre angles que l'on fait entrer dans chacune des boucles *b, c, d, e*; enforte que *a* foit le côté verni de la planche. L'on conduit le flambeau parallelement au côté *b e* dans toute la largeur *b c*, & enfuite parallelement au côté *e d* dans toute la longueur *b e, c d*, & dans d'autres fens, jufqu'à ce que la fuperficie foit également noire par-tout; il faut prendre garde que la meche du flambeau ne touche au vernis, mais feulement la flamme. Si on appréhendoit que les angles du cuivre ne fortiffent des boucles, on mettroit un étau à main à chaque coin de la planche, & les boucles fe prendroient dans les queues de ces étaux. Lorfque le cuivre eft petit, on le tient d'une main par un étau qui fert de poignée, & on a la facilité de le retourner comme on le voit ici, c'eft-à-dire que le côté verni foit en *a*.

2. Cette opération eft de faire mordre avec l'eau-forte à couler. A le graveur qui verfe l'eau fur une planche pofée fur un chevalet; on a repréfenté ces inftrumens plus en grand & la maniere d'opérer dans la Pl. V. *fig*. 1.2.3.4.

3. Eft un graveur occupé à graver à la pointe fur le vernis : cette *figure* fuffira pour donner une idée de la pofition de la main dont il eft parlé à *l'article* GRAVURE. *g* le tableau que ce graveur copie; *i* la planche vernie fur laquelle il grave; *l* fon chaffis. *Voyez* ce chaffis, *Pl. V. fig*. 6.

4. Maniere de faire mordre avec l'eau-forte à couler, en ballottant une boîte qui contient la planche & l'eau-forte : on verra cette boîte plus en grand dans la *Pl. VI. fig*. 4. La même Planche repréfente auffi une machine, qui par le mouvement qu'elle communique à la boîte, produit ce balottement, & difpenfe l'artifte de le faire. *V. l'article* GRAVURE.

5. Graveur qui fait mordre avec l'eau-forte de départ : on le fuppofe ici dans l'inftant où il vuide l'eau-forte de deffus fa planche; *n* la table fur laquelle il pofe la planche lorfqu'elle mord; *o* le petit poëlon qui contient la mixtion dont il va couvrir les endroits que l'eau-forte a affez pénétrés. *Voyez* la *fig. Pl. V.* des détails fur cette opération.

6. Le graveur au burin; *m* la table; H le couffinet placé fous la planche; *l* le tableau; *k* fon chaffis. *Voyez* la maniere de tenir le burin, *Pl. III. fig*. 6. 7.

A

7. Un graveur occupé à repouffer. *Voyez* Pl. fuivante, *fig* 12. 13. 18. ce que c'eft que repouffer, & les outils dont on fe fert.

On voit à terre, fur le devant de la vignette en D, une pierre à l'huile dans la pofition où on la tient lorfqu'on veut la dreffer ou l'unir.

Bas de la Planche.

Fig. 1. A burin quarré; *a a* le ventre du burin, *c* fa face, *d* fon manche coupé en *q*. *Voyez* la *fig.* 3. F.

2. B burin lofange; *e* fa face, *f* la queue qui entre dans le manche : on fe fert de burins de différentes groffeurs & de différentes formes, fuivant le befoin; on voit en *g* le calibre d'un burin quarré, plus gros que *h*, & celui-ci plus fort que *i*; audeffus font deux autres formes de burins lofanges; *k* eft plus lofange & plus gros que *l*.

fg. C'eft le deffus d'un burin vû par la face. *a b c m* la face. *a b, b c* les deux côtés du ventre; *a m, c m* les deux côtés du dos; *b n* l'arrête du ventre. *Voyez* fig. D la maniere d'aiguifer le *ventre* & la *face* d'un burin.

3. *Emmancher le burin.* F le manche d'un burin; *p* la virole; *q* la partie du manche que l'on coupe fuivant la ligne *r s*, lorfque le burin eft emmanché; de maniere que la ligne *r s* du manche & le ventre du burin ne faffent qu'une ligne droite, comme on le voit en *a a q*, *fig.* 1.

fg. D *aiguifer le burin. a b* pierre à l'huile montée dans un morceau de bois *c d*; *h* la poignée; *e e* le burin, dont un des côtés du ventre pofe à plat fur la pierre; on appuie ferme fur le burin & on le fait aller & venir fur la pierre de *a* en *b* & de *b* en *a*, jufqu'à ce que ce côté foit bien plat; c'eft ce qu'on appelle *faire le ventre*. On en fait autant de l'aute côté du ventre, & il en réfulte que l'arrête figurée par *b n*, *fig.* C, eft très-aiguë & tranchante.

A la fuite de cette opération on fait la face, on tient fon burin dans la pofition *f g*, obliquement à la furface de la pierre, & l'arrête du ventre tournée en *i*; en appuyant on fera mouvoir le bout *f* de *b* en *a* & de *a* en *b* : la face fera faite lorfqu'il réfultera des deux opérations ci-deffus, que les deux côtés du ventre *a b, b c n* (*fig.* C), formeront avec la face *a b c m* un angle très-aigu & très-mordant.

Dégroffir le burin, c'eft en ôter, foit fur la pierre, foit fur la meule, la partie *a c m o* (*fig.* C); on le fait, lorfque l'on veut dégager fon burin par le bout, & il en réfulte cet avantage, que plus la fuperficie *a b c m* eft petite, moins l'artifte emploie de tems à faire la face de fon burin.

On fe fert quelquefois & en dernier lieu pour donner plus de perfection au ventre du burin, d'une pierre à rafoir : la pierre à l'huile doit être parfaitement unie; mais comme il arrive ordinairement que les burins ufent la pierre & la creufent vers le milieu, on fe fervira pour les unir & les dreffer, de grès pulvérifé qu'on jettera fur le carreau, & l'on frottera le côté ufé de la pierre fur ce grès, jufqu'à ce que toute fa concavité foit emportée.

4. VV ébarboir; *w* fon manche; *u* la virole; T le plan ou profil de l'ébarboir.

5. *xx* grattoir; *y* fon manche; X profil de cet outil : on obfervera qu'on ne fe fert point de la pointe de ces outils, mais des arrêtes tranchantes VV, *xx*, formées par la rencontre de leurs faces : on aiguife ces outils comme on fait le ventre d'un burin. *Voyez* la *fig.* D.

6. *z* bruniffoir; l'autre bout Z eft un grattoir, & la partie comprife entre deux eft une poignée qui leur eft commune : on voit en *a a* le profil de la partie Z de cet outil.

7. Bruniffoir emmanché. A fon fer; B fon manche : on fe fert de cet outil par les tranches arrondies *e f*, *e g* extrêmement polies. On voit en C le profil de cet outil. *a a* font les côtés dont on fe fert. *Voy.* l'ufage du bruniffoir aux *articles* BRUNIR & GRAVURE.

8. Echope vue par la face; F la même vue de côté : ces *figures* font relatives à la defcription de cet outil & à la maniere de s'en fervir à l'*article* GRAVURE; les *figures r n s* en dépendent : ces *figures* font exagérées pour les faire mieux fentir.

9. H le couffin fur lequel on pofe la planche pour graver au burin. *Voyez la figure* 6 de la Vignette, Pl. I.

10. Regle d'équerre. AB la regle; CD le T d'équerre fur AB : lorfque cette regle fe meut fur elle-même fuivant la ligne CD, toutes les lignes tirées des points *ffff* avec le côté AB de la regle font paralleles entr'elles : les graveurs en lettres fe fervent de cette regle pour efpacer leurs lignes d'écriture.

11. Profil de la *figure* précédente. *a b* le deffus de la regle; *c d* retraite ou faillie du T fous la regle : cette faillie fert de point d'appui contre le bord de la planche qui feroit placé en *e*.

12. Marteau à repouffer. *f* le bout qui fert à repouffer; *g* la tête.

13. *i* le tas à repouffer, il eft d'acier trempé & très-poli; *l* fon pied de bois.

14. *m n* regles perelleles. *o o*, *p p* les tenons qui permettent aux regles de s'ouvrir & de fe fermer par le moyen des goupilles fixées en *o*, *o* & *p*, *p* : on fe fert de ces regles pour graver à l'eau-forte, pour l'architecture ou autres objets qui demanderoient à être tracés également.

15. Equerre.

16. Le tampon fait de feutre roulé.

17. Compas à quart de cercle.

18. *Repouffer. q*, *r* les branches du compas à repouffer, recourbées en *s t*; *s* pointe émouffée ou arrondie; *t* pointe coupante : on fuppofe ici que *x u* foit le côté gravé d'une planche, & le point *z* l'endroit où l'on auroit effacé quelque chofe, où il y auroit un creux, il s'agit de faire revenir cet endroit uni, c'eft ce qu'on appelle *repouffer*. Pour y parvenir on appliquera la pointe émouffée *s* au point *z*; on fera arriver l'autre pointe *t* que l'on appuiera contre le dos de la planche, de maniere qu'elle y marque un point apparent qui fe trouvera correfpondre à l'endroit marqué *z* : cette opération faite, on placera la planche fur le tas, *fig.* 13. en obfervant de mettre le côté gravé de la planche fur la face *i* du tas, & avec le bout *f* du marteau on frappera fur l'endroit correfpondant au point *z* qu'on a marqué avec la pointe du compas fur le dos de la planche : cette opération eft faite lorfqu'on s'apperçoit que l'endroit qui étoit creux eft au même niveau du refte de la fuperficie du cuivre.

Il eft effentiel qu'un cuivre foit parfaitement uni dans toute fon étendue, parce que les objets qui fe trouveroient gravés dans les endroits creux, ne s'imprimeroient pas auffi-bien que le refte, ou bien le noir de l'impreffion venant à s'arrêter dans ces endroits, formeroit des taches fur l'épreuve. *Voyez l'article* EPREUVE.

19. Burette à l'huile; elle fert à verfer l'huile fur la pierre à aiguifer les burins.

20. Bruniffoir à deux mains. *c d* le bruniffoir courbé en *s*, *s* pour s'emmancher dans les poignées A, B; la partie du tranchant *e* eft arrondie fur fon épaiffeur & convexe fur fa longueur : on fe fert de cet outil pour brunir le cuivre avant de graver. *Voyez* dans les Planches du Chauderonnier ce qui concerne le planage des cuivres pour les Graveurs, les bruniffoirs, *&c.*

PLANCHE II.

Fig. 1. Vernir au vernis mou. Si l'on veut vernir une Planche *i k l m*, dont B repréfente le côté bruni, on la ferrera avec un étau à main A, par le moyen de la vis *d*; cet étau fervira de poignée pour tenir le cuivre. On dégraiffera le cuivre avec du blanc d'Efpagne & un linge blanc, on l'effuiera enfuite avec un autre linge blanc & doux afin qu'il n'y refte aucune ordure quelconque; on placera la planche fur un feu de braife doux (comme on voit Pl. I. *fig.* de la vignette), on appliquera le vernis en frottant la boule (*fig.* 1. *bis*) fur la fu-perficie de la planche comme on voit en *a*, *a*, *a*, *a*, *&c.* & on étendra ce vernis avec la tapette, femblable à la *fig.* 3. en frappant légérement fur toute la fuperficie de la planche jufqu'à ce que le vernis foit étendu également par-tout : alors on retirera la planche de deffus le feu, & fans lui donner le tems de fe refroidir, on noircira le vernis comme nous avons dit, *fig.* 1. de la vi-gnette ; quand cette derniere opération eft faite, on laiffe refroidir la planche avant que de l'em-ployer.

1. *bis.* La boule de vernis enveloppée dans du taffetas.

2. *Vernir au vernis dur.* La planche *k n m o* ayant été dégraiffée comme nous avons dit pour l'autre maniere de vernir, on procédera comme il fuit. On prendra l'efpece de vernis dont il s'agit, que l'on conferve dans un pot ; on en appliquera avec le bout d'un bâton, aux différens endroits *b*, *b*, *b*, *b*, *&c.* de la planche. On pofera la planche fur le feu comme nous avons indiqué ci-deffus, & avec une tapette qui ne fervira qu'à ce vernis feule-ment, on étendra le vernis fur toute la fuperficie de la planche. On noircit ce vernis comme l'autre, & la derniere opération eft de le faire cuire ou durcir : c'eft ce que repréfente la *fig.* 5.

3. La tapette de coton enveloppée de taffetas.

4. Le flambeau qui fert à noircir le vernis.

5. Cette *figure* repréfente comment on place la plan-che fur le feu pour faire durcir le vernis. B le côté fur lequel on étendra le vernis ; *c*, *c* les piés des chenets fur lefquels on a placé la planche ; *fff* le brafier, qu'on a foin d'arranger de maniere qu'il foit plus confidérable fur les bords que vers le milieu. On trouvera à l'*article* GRAVURE, com-ment on compofe ces deux fortes de vernis, les précautions à prendre en les employant, leurs propriétés, *&c.*

6. Pointe à graver fur le vernis. *h* la pointe ; *i* fon manche.

7. Autre pointe plus groffe : il en faut de toute grof-feur & qui foient aiguifées, plus ou moins cou-pantes.

8. Échope avec fon manche. *k* le bifeau ou la face de l'échope. *Voyez* la *fig.* 8. de la Pl. précédente.

9. Autre efpece de pointe, formée de trois & quel-quefois quatre bouts d'aiguilles emmanchées en-femble en *l*, qui pourroit fervir à graver du pay-fage à l'eau-forte.

Il eft bon d'obferver que fi quelques artiftes fe font quelquefois fervi avec une forte de fuccès de cette pointe, on doit néanmoins en regarder l'ufage comme vicieux, & que l'on ne doit confier cette pointe qu'à une main qu'un goût libre & ca-pricieux dirige, dont les productions pafferont plutôt pour un badinage pittorefque que pour de la gravure proprement dite. Il eft aifé de fentir que l'inconvénient qui en réfulte, vient de ce que l'on fait trois traits à-la-fois au-lieu d'un, & que par-conféquent les formes des objets paroiffent doubles ou triples, fuivant les cas, indécifes & maniérées ; enfin il feroit impoffible en fe li-vrant à ce caprice, d'imiter le feuillé du faule, du chêne, *&c.* on ne s'en fervira donc point-du-tout, fur-tout dans les ouvrages férieux : on voit en *m* un effai de feuillé fait avec les pointes.

10. Gros pinceau de poil de chevre, avec lequel on effuie les endroits gravés fur le vernis, afin que les parties qu'on en a enlevées ne rentrent pas dans les hachures que la pointe vient de former.

11. Bouteille contenant le vernis appellé *vernis de pein-tre* ou *vernis de Venife*, pour couvrir les petits acci-dens qui feroient arrivés au vernis de la planche en gravant.

12. *n* coquille à délayer le vernis & le noir de fumée. *o* le pinceau avec lequel on applique le vernis.

13. Il arrive quelquefois que le deffein que l'on a cal-qué ou contre-tiré fur la planche vernie s'efface en certains endroits ; on fe fervira de blanc de cérufe ou de vermillon détrempé avec de l'eau de gom-me, & on retracera avec le pinceau *p* les endroits effacés.

PLANCHE III.

Les Graveurs font quelquefois dans la néceffité de réduire les deffeins ou les tableaux qu'ils gravent : on trouvera dans nos Planches de deffein les inftrumens dont on fe fert pour ces fortes de réductions, Pl. II. *fig.* 16. & Pl. III.

Fig. 1. Préparation pour calquer. A eft le deffein qu'il s'agit de tranfmettre fur la planche vernie : on frottera de poudre de fanguine ou de mine de plomb le dos *b* du deffein dans toute fon étendue.

2. *Calquer.* Après la préparation ci-deffus on appli-quera le dos du deffein fur le côté verni de la plan-che *c d*, *e f* ; on attachera ce deffein en plufieurs endroits *g g g* avec de la cire fur la planche. On paffera enfuite avec une pointe *h* fur tous les traits du deffein A, fur toutes les touches, & on détermi-nera la forme des ombres, des demi-teintes, *&c.* Cette opération faite on relevera le deffein de def-fus la planche, & on aura fur le vernis un fecond deffein femblable à A qu'on vient de calquer : c'eft ce que nous repréfente la *fig.* 3. *Voyez* à l'*article* GRAVURE une autre maniere de tranfmettre fon deffein fur le cuivre, que l'on appelle *contrépreuver*.

3. *Graver à l'eau-forte.* Cette *figure* repréfente la même tête gravée à la pointe fur le vernis : on fent de quelle conféquence il eft d'avoir fur le cuivre un calque correct & précieux, puifque c'eft par-là qu'on parvient à laiffer aux maffes de lu-miere, la même étendue qu'elles ont dans l'origi-nàl, & à renfermer les ombres & les demi-teintes dans leurs juftes limites : enfin à admettre dans la gravure les méplats & les fineffes de contours qui font le caractere de ce qu'on fe propofe d'imiter : on verra, Pl. IV. *fig* 14. un exemple de gravure à l'eau-forte, qui donnera une idée de la prépara-tion des chairs, du méchanifme des tailles, *&c.*

Nous ne donnons cet exemple que comme une fimple ébauche, afin qu'on puiffe juger des cho-fes qui doivent être réfervées à faire au burin, & en même tems pour fuivre l'ordre des opérations. On trouvera cette même tête finie au burin dans la Pl. XXIII. du deffein, *fig.* 1.

La *figure* 3. ayant été préparée à la pointe, ainfi qu'on la voit, fera paffée à l'eau-forte, c'eft-à-dire que l'on la fera mordre, ce qui fe fait avec de l'eau-forte à couler, ou avec l'eau-forte de départ ; c'eft ce qu'on verra dans la Pl. V.

4. Maniere de tenir le burin. G main vûe en-deffous pour laiffer voir la pofition des doigts & la fitua-tion du burin dans la main. *n* le burin du côté du ventre ; *m* le manche coupé en cet endroit.

5. *g* la même main vûe dans l'action de graver ; *i* le burin vû par le dos ; *p* la planche ; *o* la matiere que le burin enleve, qui fe roule en forme de copeau ; *n* la table.

Il eft à obferver que dans quelque fituation que foient les tailles que l'on veut former par rap-port à la planche ou à l'artifte, le graveur doit tourner la planche fur fon couffin de maniere que les tailles qu'il fe propofe de faire ainfi que fon burin, foient dans une fituation à-peu-près paral-lele au bord de la table contre lequel il s'appuie. La main doit pouffer le burin de droite à gauche, & on doit toujours laiffer les tailles les premieres faites du côté du pouce, comme on les voit en *m*. Gravure au burin.

6. *Notions pratiques.* Tailles fur lefquelles on a paffé des fecondes & des troifiemes. *a a* les premieres tailles ; *b b* les fecondes ; *c c* les troifiemes. *Voyez* la *fig.* 2.

7. Le même exemple quant à la dénomination des tailles ; mais il eft différent en ce qu'il offre ce qu'-on appelle *un grain de gravure lofange.* Le premier exemple eft une gravure quarrée : on voit dans ces

deux exemples, que les premieres tailles font fortes & près l'une de l'autre, les feconde tailles un peu plus fines & plus écartées que les premieres, & les troifiemes plus fines & plus écartées que les deux autres: il en feroit de même des quatriemes, s'il y en avoit.

On dit en général *gravure ferrée*, *gravure large*, quand en confidérant les tailles qui formeront la bafe du travail d'un fujet, elles feront près l'une de l'autre, ou écartées relativement à la grandeur de ce fujet. La gravure ferrée relativement eft plus propre à peindre, & donne de la douceur à une eftampe, & la gravure large alourdit les objets, les rend moins fouples en général, & fatigue l'œil du fpectateur.

La gravure lofange (*fig. 7.*) eft celle dont la feconde taille *b b* eft mife obliquement fur la premiere A A, ce qui produit les lofanges qu'on voit en C.

La gravure quarrée eft celle dont la feconde taille eft mife perpendiculairement fur la premiere *a a*, ce qui forme les carreaux qu'on voit en C, *fig. 6.* de-là on dit en général, qu'un objet eft gravé lofange ou quarré, lorfque les tailles dominantes qui établiffent les formes, les ombres, ou les demi-teintes fe croifent obliquement ou à angles droits l'une fur l'autre.

8. Inconvénient qui réfulte de mettre deux tailles trop lofanges l'une fur l'autre: il confifte en ce que ces lofanges fe trouvant très-alongés dans un fens *b b*, & très-étroits dans un autre *a a*, produifent une continuité de petits blancs qui s'enfilent de *a* en *a*, & qui interrompent, fur-tout dans les maffes d'ombre, la tranquillité & le fourd qu'elles exigent.

9. Lorfque l'on veut paffer une troifieme taille fur deux autres déjà établies, il faut éviter qu'elle coupe les carreaux ou les lofanges par la diagonale, c'eft-à-dire de *c* en *c* ou de *b* en *b ;* on doit la mettre de maniere qu'elle foit plus lofange fur la premiere que fur la feconde, comme *a a ;* c'eft ce qui produira un grain à-peu-près femblable à la *fig. 7. e e* feroit la direction fuivant laquelle on pourroit paffer une quatrieme taille qui feroit oblique fur les trois autres. Ce même principe aura lieu quand on mettra des tailles courbes fur des courbes, des mixtes fur des mixtes, fi les circonftances le permettent.

10. Des tailles *e e*, & des entre-tailles *ff*, entre-taille fe dit toujours de la plus fine des deux.

On met des entre-tailles dans les travaux qui doivent exprimer les métaux, les eaux, les étoffes de foie, & généralement fur tous les corps dont les furfaces font polies ou luifantes.

11. Différens exemples de points qu'on emploie dans l'empâtement des chairs. *a* tailles en points, *b* tailles & fecondes tailles en points avec des points ronds dans les lofanges ; *c* points ronds pour adoucir les demi-teintes vers la lumiere ; *d* tailles en points avec des points couchés, entremêlés de points ronds ; *e* tailles avec des points ronds & longs en entre-tailles.

Ces différentes manieres de varier le travail pour exprimer la chair, placées convenablement, produifent un effet moëlleux, étant oppofées avec d'autres travaux plus folides.

On fera l'application dans la Planche fuivante, *fig. 6.*

12. *Ebarber.* Soit A B le côté d'une Planche fur laquelle on a gravé au burin les tailles *c, d, e, f* que l'on voit en profil ; *i, i, i* font les ouvertures des tailles ; *g, h* font les parties de cuivre que le burin en ouvrant la taille a rejettees d'un côté & de l'autre, indépendamment de l'efpece de copeau qu'il en a enlevé. *Voyez Pl. III. fig. 7.* C'eft avec l'ébarboir que l'on enleve cette efpece de barbe ou fuperflu *g, h* qui nuiroit à la propreté de la taille & à la beauté des épreuves que l'on feroit de la Planche. Il faut pour ébarber que l'outil deftiné à cet ufage

agiffe par une de fes carnes dans une direction oblique fur les tailles que l'on ébarbe : par exemple, fi l'on avoit à ébarber les tailles formant la *fig. 9.* on préfentera un des angles de l'ébarboir en *r*, & on fera mouvoir cet outil de *r* en *s* dans une direction *r s* qui eft oblique fur les tailles qui forment le lofange & fur la troifieme *a a.* On réitérera en relevant fon outil en *s*, en le repofant en *r*, & enfin en le ramenant de *r* en *s* jufqu'à ce que la barbe des tailles foit enlevée.

On voit en *c*, *fig. 13.* une taille formée avec un burin lofange ; elle a la même ouverture que *d* & *f* faites avec un burin quarré ; mais elle eft beaucoup plus profonde qu'elles : il réfulte de-là que le noir de l'impreffion fera plus épais dans les tailles de burin lofange, & qu'il paroîtra plus vif & plus brillant à l'œil que le noir des tailles de burin quarré, les ouvertures *i, i, i* étant égales. C'eft à l'artifte intelligent à employer le burin lofange ou quarré, fuivant la nature des objets qu'il repréfente ou leur oppofition ; ce n'eft pas qu'on ne puiffe bien faire en gravant tout avec un burin lofange ou quarré, mais on doit regarder ce que nous venons de dire comme une reffource de l'art qui peut faire de l'effet & devenir fenfible jufqu'à un certain point.

On met ordinairement les entre-tailles avec le burin lofange ; c'eft ce que l'on voit en *e.*

13. *Pointe feche.* Graver à la pointe feche, c'eft former avec une pointe aiguifée, un peu coupante, des traits ou des hachures fans le fecours de l'eauforte ni du burin. On fait à la pointe feche des points ronds, longs, *&c. l, m* font des ouvertures de deux traits faits à la pointe feche fur la fuperficie de la planche A B. Comme la pointe ne fait qu'ouvrir le cuivre fans en rien enlever, le volume de cuivre qui étoit compris dans l'efpace *n l o*, eft contraint par la preffion de la pointe de refluer vers les bords *n, o*, mais en plus grande quantité en *n*, qui eft le côté oppofé à la main, & qui reçoit prefque toute l'action de la pointe, dont la fituation *p* R eft oblique.

On ébarbe cette forte de gravure comme celle au burin, avec cette différence que pour celle-ci on fera agir l'ébarboir de *o* en *n*, & jamais de *n* en *o*, car il en réfulteroit que la partie *n* pourroit en fe développant refermer l'ouverture *n o* dans certains endroits de la taille, ce qui feroit un mauvais effet. Le grattoir fert auffi à ébarber. *Voyez* les *fig. 6. 7. Pl. I.*

En général on emploie la pointe feche dans le fini, pour faire les travaux les plus tendres & les plus légers, dans les ciels, les lointains, & le ton de cette gravure oppofée avec celle de l'eau-forte & du burin, eft toujours heureux & agréable.

On voit en *r s* une taille qui auroit été faite à l'eau-forte. Son ouverture eft bien plus large que profonde, c'eft ce qui fait qu'elle a un œil plus gris à l'impreffion, relativement à celles qui auroient été faites au burin, ce qui doit s'entendre lorfque l'eau-forte n'a pas trop mordu. Dans le cas où l'eau-forte auroit trop mordu, la taille portera un ton plus aigre ou plus noir, par la raifon qu'acquérant autant de profondeur que d'ouverture, le noir aura autant d'épaiffeur fur fes bords *r, s* que dans fon milieu *u ;* c'eft ce qui donne à une eau-forte trop mordu ce ton dur à l'œil, fi défagréable fur-tout dans les demi-teintes & tout ce qui environne les maffes de lumiere.

Un autre inconvénient d'une gravure trop mordue, c'eft que les tailles venant à s'élargir en même tems qu'elles pénetrent dans le cuivre, elles refferrent les efpaces blancs qui les féparent, & fe confondent l'une avec l'autre dans certains endroits, ce qui forme des crevaffes & des âcretés qui font infurmontables quand on vient à finir.

Rentrer une taille, eft ordinairement l'action du burin fur un ouvrage déjà ébauché, c'eft donner plus de largeur ou plus de profondeur à une taille faite

faite au burin ou à l'eau-forte, en se servant du burin losange ou quarré. En repassant le burin dans la taille *r s* elle acquerra la profondeur *r t s*, & elle sera plus profonde & plus ouverte si on plonge davantage la pointe du burin.

PLANCHE IV.

Fig. 1. Cette *figure* représente la maniere dont on doit tracer un sujet qu'on voudra faire entierement au burin, comme seroit un portrait: on s'y prendra comme nous l'avons dit dans la Planche précédente, *fig.* 1. & 2. pour calquer le dessein sur la planche vernie. Cela posé on tracera ferme avec une pointe un peu coupante les contours de son objet calqué sur le vernis; on formera avec la plus grande exactitude les épaisseurs des ombres, des demi-teintes, & des reflets par quelques points suivis ou quelques bouts de hachures tels qu'on les voit ici en *a a a*. Pour peu que l'on ait appuyé, on aura un trait suffisamment marqué pour n'être pas obligé de le faire mordre, alors on dévernira la planche. Ce tracé ne doit point être ébarbé crainte de l'effacer, & il doit servir à guider l'artiste pour ébaucher, comme on va voir dans la *figure* suivante.

2. La même *figure* ébauchée au burin. Cette préparation doit être faite par des tailles simples: ces tailles doivent s'arrêter en s'adoucissant sur les formes que l'on a tracées, & se serrer davantage sur les contours qu'elles doivent former en se couchant les unes sur les autres comme on le voit en *b b*, *&c.* Les lumieres doivent être reservées plus larges afin d'être toujours le maître de les resserrer autant qu'il sera nécessaire, soit en filant les tailles, soit en les prolongeant par des points, comme on le verra dans la *figure* suivante. Les cheveux doivent être ébauchés par des tailles serrées & avec légereté.

3. Empâtement pour le genre de portrait. La même tête finie. On voit que la taille de l'ébauche se trouve toujours la dominante sous les travaux du fini. Les secondes & les troisiemes tailles ne servent qu'à peindre & à donner plus de mollesse à la peau. Les points doivent être un peu alongés pour ce genre; ils sont plus serrés vers les ombres, plus écartés & plus tendres à mesure qu'ils se perdent dans la lumiere. On peut remarquer aussi que le plein d'un point répond sur le vuide qui se trouve entre deux autres placés au-dessus ou au-dessous: on dispose les points de cette maniere afin d'éviter que les intervalles qui se trouvent entr'eux ne se correspondent les uns au-dessus des autres, ce qui occasionneroit des petites lignes blanches qui détruiroient la douceur & la tranquillité du travail.

Les touches ne doivent être portées à leur juste ton de vigueur qu'en dernier lieu, afin de proportionner le degré de couleur qui leur convient au ton de tout le travail. C'est cette analogie qui vivifie le sujet. La touche doit être brillante ou vigoureuse, par opposition à ce qui l'environne; mais elle doit toujours être fondue & accompagnée pour qu'elle ne soit point dure ou trop tranchante; le moyen d'éviter ce défaut, c'est de réunir le plus grand noir auquel la touche puisse être portée, dans le centre d'elle-même. Si au contraire on donnoit autant de couleur sur les extrémités que dans le centre, la touche paroîtroit toujours aigre & dure, quand même elle n'auroit que la moitié du ton de couleur d'une autre, amenée & dégradée du centre vers les bords, comme nous le venons de dire.

Ce principe est relatif, non-seulement à la figure qu'on a sous les yeux, mais à tout autre sujet: c'est un axiome en Gravure comme en Peinture, que les plus grands bruns ne peuvent être amenés que par gradations pour produire un effet vrai. On pourra se former un bon goût de graver dans ce genre d'après les portraits gravés par C.

N°. 6.

Vischer, Nanteuil, Masson, Edelink, Drevet, *&c.* *Voyez* l'*article* GRAVURE.

4. Le trait d'un bras disposé pour être gravé au burin. *a* l'épaisseur de l'ombre & du reflet; *b* la demi-teinte; *c* demi-teinte pour faire fuir le bras éclairé; *d* la partie la plus saillante du bras qui restera la plus lumineuse.

5. Le même bras fini. Il faut observer que les contours formés par des traits dans la *figure* précédente ne subsiste plus dans celle-ci, mais que ce sont les tailles qui en se serrant l'une sur l'autre en *e, f, g*, dessinent la forme du bras; on voit aussi que les tailles sont moins serrées vers la lumiere en *h* que vers les contours.

6. *Empâtement*, dans le genre d'histoire, se dit de la préparation des chairs à l'eau-forte ou au burin. Cet empâtement consiste dans un mélange de tailles suivies ou quittées, recroisées par des secondes dans les ombres, comme *a a*, *&c.* des tailles suivies ou en points longs entremêlés de ronds dans les demi-teintes comme *b, b, b;* des points ronds *c, c* sur les lumieres, plus écartés les uns des autres que dans les demi-teintes; des touches formées par plusieurs traits proches les uns des autres, & quelquefois accompagnées de points pour les rendre plus moëlleuses; des contours formés par des points longs ou ronds pour qu'ils ne soient point secs, & enfin des masses d'ombres méplates établies par des tailles qui puissent servir dans le fini de secondes ou de troisiemes sur les demi-teintes ou dans les reflets.

Cet empâtement est subordonné au goût de l'artiste, qui doit pressentir ce que tous ces travaux deviendront dans le fini, & le moëlleux qui en doit résulter lorsqu'ils seront fondus ensemble sous des travaux plus légers. On pourra se donner une idée de la maniere d'exprimer ou d'empâter les chairs d'après les *figures* gravées dans nos Planches de dessein. Mais on sentira mieux ce qu'exige le genre d'histoire, & on se formera un bon goût d'après les chefs-d'œuvre des grands maîtres, tels que Vischer, Gerard Audran, Edelinck, Poilli, Cars, *&c.* cités à l'*article* GRAVEUR.

Cet exemple, que l'on a fait mordre convenablement, fera juger de la différence du ton d'une eau-forte d'avec celui du burin; la *fig.* 3. faite au burin servira de piece de comparaison.

La gravure en petit, c'est-à-dire celle dont les figures, les animaux, le paysage sont d'une très-petite proportion, exige que l'on fasse mordre davantage la planche, ayant toûjours égard à la dégradation que doivent avoir les différens plans. *Voyez fig.* 4. *Pl. V.* Le principal mérite du petit est d'être très-avancé à l'eau-forte. Les contours des figures doivent être prononcés avec plus de fermeté, les touches seront établies & frappées presque au ton qui leur convient, elles en seront plus spirituelles, & le travail moins chargé de tailles que dans la gravure en grand. Le burin n'étant pas propre à dessiner les petits objets comme la pointe avec laquelle on peut badiner sur le cuivre comme avec le crayon sur le papier: on ne s'en servira que pour mettre l'accord général & plus de propreté aux endroits qui en seront susceptibles: la pointe seche fera aussi une partie des fonds les plus légers.

On peut consulter sur ce genre les estampes gravées par les sieurs Leclerc, Cochin, Labelle, Callot, *&c.*

Finir, se dit en général d'une planche ébauchée à laquelle on donne l'effet de l'objet qu'on se propose d'imiter. Ainsi le fini consiste donc, 1°. à donner plus de force & plus de surdité aux ombres ou aux reflets, soit en rentrant les tailles, soit en passant des troisiemes & des quatriemes tailles sur les premieres; 2°. à fondre davantage les ombres par des demi-teintes, soit en filant les tailles vers la lumiere, ou en les ternissant par des points; 3°. à donner les touches les plus vigoureuses, soit en

B

ajoutant de nouveaux travaux, foit en rentrant les mêmes: voilà ce qui conftitue le fini. Le *beau fini* fe dit de la propreté du travail affujetti aux principes du méchanifme.

Méchanifme ou *manœuvre*, fe dit de l'intelligence qui regne dans le jeu des tailles, l'empâtement des chairs, &c. Ce méchanifme confifte; 1°. en ce que le fens des tailles exprime la forme des objets; 2°. que la perfpective ou la dégradation des tailles foit bien obfervée relativement aux plans qu'elles occupent; 3°. que les premieres tailles fervent à former & dominent plus que les autres, fuivant les cas; que les travaux fur les objets de demi-teintes auprès des lumieres foient moins chargés de tailles que les ombres & les reflets; 5°. que les premieres, fecondes, & troifiemes tailles concourent entr'elles à faire fuir ou avancer l'objet; 6°. enfin que les figures, le payfage, l'eau, le ciel, les draperies, les étoffes, les métaux, &c. aient chacun un travail qui leur foit convenable, de maniere que le travail brut d'un objet contribue, étant oppofé à un autre, à le rendre ou plus doux, ou plus fouple, ou plus liffe, &c.

En général la manœuvre la plus fimple eft la meilleure, c'eft un défaut de mettre beaucoup de taille par-tout; le moyen d'éviter ce défaut, c'eft de graver ferré en ébauchant, foit à l'eau-forte ou au burin. On trouvera à l'*article* GRAVURE les différens travaux propres à exprimer différens objets.

Retoucher une planche, a plufieurs acceptions. Quand il s'agit d'une planche déjà ébauchée à l'eau-forte, comme feroit la *fig. 6*. la *retoucher* eft fynonyme avec *finir*, c'eft la terminer au burin: ainfi quand elle fera achevée, qu'elle aura l'effet qui lui convient, elle aura été retouchée. *Retoucher* fe dit auffi d'une planche que le travail de l'impreffion auroit ufée en partie, & à laquelle on feroit les réparations néceffaires pour la remettre en état de tirer de nouvelles épreuves.

PLANCHE V.

Fig. 1. *Faire mordre à l'eau-forte à couler.* A A B le chevalet pour faire mordre. B la planche de bois qi fert d'appui. Ç C planche fuppofée appuyée fur le chevalet, & portée par les chevilles *l, l.* D D les rebords du chevalet. E l'auge dans laquelle tombe l'eau-forte que l'on verfe fur la planche Ç C. *e e* talut intérieur de l'auge qui ramene l'eau vers *f*, où l'on voit un goulot par lequel elle tombe dans la terrine *g. h* le pot pour verfer l'eau-forte. *i i* chevilles qui foutiennent l'auge E.

Lorfqu'on aura verfé plufieurs potées fur la planche B, on la retournera dans un fens contraire, comme la *fig.* 2. & la *fig.* 3 le montrent, & on reverfera le nouveau. *Voyez l'article* GRAVURE.

4. Ayant à faire mordre la planche B, on fera attention aux différens plans *l, m, n, o* qui ne doivent pas mordre autant les uns que les autres. Les plans les plus éloignés comme *l*, feront couverts les premiers, *m* les feconds, *n* enfuite, & le premier plan *o* le dernier. Si le ciel eft vague, ce fera auffi une des premieres chofes que l'on couvrira ainfi que les demi-teintes qui fe trouveront dans les autres plans lorfqu'elles feront affez mordues. En général le payfage doit.être un peu plus mordu qu'un fujet tout de figures. *Voyez* une autre maniere de faire mordre, *Pl. VI. fig.* 1.

5. *Maniere de faire mordre à plat avec l'eau forte de départ. pp* la table. *h, i, k, l* les rebords de cire qui contiennent l'eau-forte fur la planche *u. x* la plume avec laquelle on remue l'eau-forte pour enlever la mouffe qui fe forme fur les tailles. On retire de tems-en-tems l'eau-forte pour couvrir les endroits qui ne font pas affez mordus, & on fe fert pour cet ufage de mixtion ou de vernis de Venife. On trouvera à l'*article* GRAVURE tout ce qui peut concerner l'emploi de l'une ou l'autre eau-forte, les précautions à prendre en faifant mordre, la compofition de la mixtion, &c.

6. Chaffis. Les quatre tringles font affemblées en *aaaa. b b* ficelles tendues d'un angle à fon oppofé. *c c* plufieurs feuilles de papier collées enfemble, & enfuite collées fur les quatre côtés du chaffis. On voit l'ufage du chaffis. *fig.* 5. 6. & 7. de la vignette. On huile ou vernit le papier du chaffis pour le rendre plus tranfparent.

7. Lampe & chaffis pour graver le foir. *e* la lampe à trois méches. *f* virole dans laquelle s'introduit la branche de fer *g* qui porte la lampe & le chaffis. *h* piton à vis qui s'enfonce dans le mur pour porter le tout. *i* la planche fous le chaffis.

PLANCHE VI.

Machine pour faire mordre.

Fig. 1. A, B, A, B cage qui contient le rouage. A, A les montants. BB les traverfes. C, C les piés qui font fixés par le moyen de deux vis à la traverfe inférieure B. T barillet contenant le reffort. *a* grande roue. *t* arbre commun au barillet & à la grande roue fur laquelle ils font fixés. V arbre qui porte un pignon fur lequel engrene la grande roue. *u* petite roue enarbrée fur le pignon V, & engrenant fur le fecond pignon que porte l'arbre X ; cet arbre porte fur l'un de fes pivots extérieurement à la cage un rochet R à trois dents. D D anneau elliptique. *r, r* fes deux palettes. *d'* queue fupérieure de l'anneau. *d* queue inférieure recourbée en équerre. I petit bras qui eft joint à la queue inférieure par une de fes extrémités, & par l'autre à la branche courte F qui fert de levier. E C F le balancier. G G la verge. H lentille de plomb. E branche longue. K goupille fixée fur le montant A de la cage; cette goupille paffe librement dans une douille ou canon que portent les branches E, F, & la verge G G, qui ne forment enfemble qu'une feule piece en forme de T. *Voyez fig. 3. bis.* L autre petit bras fixé par une de fes extrêmités à la branche E, & par l'autre au levier M. M levier du portè-boîte fixé fur le tourillon O : on obfervera que la branche E, le bras L, & le levier M s'uniffent par des articulations à charniere à leurs extrémités; il en eft de même de la branche F, du bras I, & de la queue *d* de l'anneau. O N, N O porte-boîte. O O fes deux tourillons. P, P doigts de fer rivés fur la barre N, N. Q, Q les fupports du porte-boîte. *q q* piés des fupports qui fe terminent en vis, & font fixés fur la table par le moyen de deux écroux qui les ferrent par-deffous. Y ouverture en forme de rainure faite à la table, qui permet à la verge G G de fe mouvoir librement.

2. A A montant de la cage. D, D les queues de l'anneau fur lefquelles font deux couliffes *e, e. ff* tenons fixés fur le montant A & paffant au-travers des couliffes: on voit auffi *ff* deux écroux qui affujettiffent les queues fur leurs tenons, mais qui ne font point affez ferrés pour empêcher l'anneau de fe mouvoir de haut en-bas & de bas en-haut fur le montant A A de la cage. R rochet à trois dents qui engrenent fur les palettes *r, r* de l'anneau. D *d* queue inférieure recourbée en équerre. I petit bras féparé de la queue *d*. K tenon ou goupille fixée fur le montant A qui reçoit la douille ou canon *k* du balancier. *Voyez fig.* 3. *bis.*

3. Profil de la cage. A A montans de la cage. B B traverfes. *b b* vis qui affujettiffent les piés C,' C' à la traverfe inférieure. ÇC,' C' les piés de la cage terminés en vis. *cc* leurs écroux. G verge du balancier. *Voyez fig.* 3. *bis.* H lentille. K tenon paffant à-travers du canon *k* du balancier. T barillet. *t* fon arbre. W rochet à encliquetage pour remonter le reffort contenu dans le barillet. *a* grande roue. V arbre de la feconde roue & du pignon *u*. X arbre portant le pignon qui engrene fur la petite roue *u*. *x* pivot du pignon X fur lequel fe viffe & s'adapte le rochet qui paffe dans l'anneau elliptique. *ff* les tenons des couliffes de l'anneau.

3. *bis.* E la branche longue du balancier. F la branche courte. G la verge. K le canon. L le bras séparé.

4. Le porte-boîte & la boîte. M levier affujetti invariablement par la vis *m* à l'extrêmité du tourillon O. O, O les tourillons. N la barre du porte-boîte. P doigt de fer qui paffe dans une main *p* qu'on voit à la boîte. Q Q fupports du porte-boîte. S S anneaux des fupports dans lefquels paffent les tourillons. *t t x x* la boîte. *x x u u* le couvercle. *y* glace ou verre qui fe trouve enchâffé fur le couvercle, & à-travers duquel on voit le progrès que fait l'eau-forte fur la planche renfermée dans la boîte. *ƶ* chape à charniere pour fermer la boîte & l'ouvrir; fur l'autre côté *x x* du couvercle font deux charnieres foudées fur la bâte de la boîte, & au couvercle.

5. Profil de la boîte fur un des côtés *x u* de la *fig.* 4. *a f b* le fond. *b a, c b* les rebords. *b d c* la bâte. *e, e* deux talus formés par des plaques de fer - blanc foudées fur les angles des plus grands côtés de la boîte. *g* charniere pour recevoir celle du couvercle. *Voyez l'article* GRAVURE *pour l'ufage de cette boîte.*

PLANCHE VII.

Gravure en maniere noire.

Fig. 1. Berceau pour grainer les planches. A le manche. B le fer, *d f g e* tailles formées fur un des côtés du berceau pour former les dents.

2. Profil de la *figure* précédente. A le côté taillé. B le côté aiguifé. E H ligne que l'on fuppofe être la fuperficie du cuivre, fur laquelle fe meut l'outil de E en H.

3. Autre petit berceau, dont on fe fert pour grainer de petits endroits qu'on auroit trop ufé.

4. Racloir pour graver, c'eft - à - dire pour enlever le grain ou l'ufer en partie : ce font les angles des côtés *c d* qui fervent.

5. Profil du racloir. On trouvera dans la Planche premiere, *fig.* 6. un grattoir Z, tenant à un bruniffoir qui fert auffi pour ufer le grain.

6. Autre petit berceau pour remettre du grain dans les endroits les plus étroits.

7. Le profil de la *figure* précédente : on voit en O la coupe fur la largeur de cet outil.

Fig. ooo dimenfions à prendre pour grainer les planches. *Premiere opération.* On prendra un cuivre bien bruni & poli comme pour graver en taille-douce. On divifera la largeur A B & C D en parties égales; chacune de ces parties ou efpaces aura environ neuf lignes de pouce; on tirera des points de divifion, les lignes E H, F I, G K, &c. Ces lignes doivent être tracées avec de la mine de plomb ou de la craie, afin de ne point rayer la planche, elles ne fervent feulement qu'à guider le berceau. On pofera le milieu B du berceau au point C; on doit tenir cet outil un peu incliné & le bifeau taillé endeffus. On balancera le berceau en appuyant légérement & on le fera mouvoir de C en A; on le rapportera enfuite aux points E, F, G, D; on lui fera parcourir de même les lignes E H, F I, G K, D B toujours en balançant. On divifera enfuite le côté D B en parties égales à celles du côté C A, qui formeront des carreaux égaux, & on tracera de même des points de divifion V, T, S, &c. les lignes V P, T O, S N, &c. On fera mouvoir comme ci - deffus le berceau fur les lignes d'un bout à l'autre de la planche. Enfuite on tirera les diagonales A D, B C; & les paralleles à ces diagonales efpacées entr'elles de neuf lignes ou environ, comme il a été dit. Ces lignes ou diagonales ferviront encore à guider le berceau dans des directions différentes des premieres.

Il faut actuellement divifer chaque efpace C E, E F .... C P, P O, &c. en trois parties égales. Les points de cette fubdivifion ferviront à tracer de nouveaux carreaux à un tiers de diftance les uns des autres, & nous allons reporter ces divifions fur

la feconde *fig. ooo*, qui ne comprendra que la partie A B S N de celle-ci.

La *figure* qui vient de nous fervir marque que l'on peut tirer des diagonales d'un angle à l'autre de la planche; mais on pourroit auffi tirer les diagonales par les angles oppofés des carreaux, c'eftà-dire de H en L, de I en M, de K en N, de A en T, &c. on éviteroit par-là l'inconvénient d'avoir des carreaux trop lofanges formés par les diagonales A D, C D, comme il pourroit arriver fi on avoit un cuivre trois fois plus long que large.

2. *fig. ooo*, cette figure ne comprend que la partie A B S N de la précédente: toutes les lignes ponctuées 1, 1, 1, font celles qui ont fervi dans l'opération précédente; & les lignes finies, 2, 2, 2, font celles dont il s'agit dans cette opération-ci.

Seconde opération. Ayant divifé chaque efpace N M, M L, L A, N E, E F, F G, &c. en trois parties égales du premier tiers, c'eft-à-dire des points de divifion marqués 2, 2, &c. on tracera les lignes 2 2, 2 2, 2 2, qui formeront des carreaux égaux, on fera mouvoir le berceau fur toutes ces lignes, enfuite on tirera toutes les diagonales d'un angle à l'autre de ces nouveaux carreaux, & le berceau les parcourra pareillement fuivant leurs directions.

Troifieme opération. Il faut maintenant partir du fecond tiers, & tracer les lignes 3 3, 3 3, 3 3, &c. pour former de nouveaux carreaux, qu'on a marqués ici par des lignes plus fortes; on fera mouvoir le berceau fur toutes ces lignes, ainfi que fur les diagonales des carreaux qu'elles donnent. Ces trois opérations faites on aura fait ce que l'on appelle *un tour*, la fuperficie du cuivre fera déjà couverte par-tout d'un grain léger occafionné par l'empreinte des dents du berceau; mais pour que le cuivre foit bien grainé, il faut faire vingt tours, c'eft-à-dire recommencer vingt fois, ce que l'on vient de dire. C'eft de cette préparation que dépend la beauté de la gravure; il faut pour que le grain foit beau, qu'il foit fin, égal par-tout, & qu'il produife un fond noir, velouté & moëlleux. *Voyez fig. 9.* cela demande beaucoup de foin & d'attention.

1°. On prendra garde de ne point trop appuyer le berceau.

2°. De ne point l'appuyer plus dans un endroit que dans un autre.

3°. De ne point tenir le berceau plus incliné fur la fuperficie du cuivre dans un endroit que dans un autre; car lorfqu'il eft trop incliné, il chemine trop vîte pour le balancement de la main; & lorfqu'on le tient trop droit, il refte trop long-tems à la même place & cave davantage le cuivre.

4°. On doit conduire le berceau d'un bout d'une ligne à l'autre fans s'arrêter, parce que les endroits d'où l'on fe reprendroit formeroient des inégalités.

5°. Enfin il faut avoir l'attention que le balancer du berceau foit tel que fon arc *d f g e, fig.* 1. ne fe développe pas entierement, car les angles *d, e* venant à toucher le cuivre, ils pourroient s'y imprimer davantage & former des points ou des inégalités dans le grain. Pour éviter cet inconvénient on marquera le milieu du berceau par un petit trait de craie en B. On en fera auffi deux autres *f, g* à égale diftance du point B. La diftance *f, g* fera égale à la largeur A L, L M, &c. des carreaux tracés fur le cuivre. Les points *f, g* ferviront de repaires pour regler le bercement de l'outil, de maniere que la même portion d'arc foit toujours également développée fur le cuivre.

8. Ainfi dans la pratique, lorfque l'on aura, comme nous avons dit, placé le milieu B du berceau fur la ligne E H que l'on veut parcourir, on penchera l'outil de côté, enforte que fon arc touche le cuivre par le point *g*; on renverfera auffi-tôt le berceau dans le fens oppofé, jufqu'à ce que l'arc en fe développant vienne à toucher la fuperficie du cuivre par le point *f*, & ce bercement fucceffif, occafionné par le balancement de la main, qui appuie en même tems légerement , fera cheminer le berceau d'un bout à l'autre de la ligne de E vers H , en laissant en chemin faisant l'empreinte de ses dents *g g g* , *f f f*.

9. Exemple de gravure *en maniere noire*. La planche ayant été grainée, comme il a été dit , rend à l'impression un fond extrêmement noir par-tout, tel qu'il subsiste encore derriere la boule ; on grave sur ce fond , en usant le grain avec le racloir , *fig.* 4. ou avec le grattoir *x x*, *fig.* 5. & 6. Pl. I. Le brunissoir sert aussi à éteindre le grain & à polir les plus grands clairs. Ces outils ne servent qu'à former les reflets , les demi-teintes qui passent de l'ombre à la lumiere, & les lumieres. On ménage le fond pour exprimer les ombres & les touches les plus fortes. Cet exemple nous a paru suffisant en ce qu'il réunit le principe général de l'ombre , du reflet, de la demi-teinte, & de la lumiere. *Voyez* l'*article* GRAVURE EN MANIERE NOIRE, *&c.* comment on calque.

PLANCHE VIII.

Gravure en maniere de crayon.

La Gravure en maniere de crayon, est l'art d'imiter ou de contrefaire sur le cuivre les desseins faits au crayon sur le papier. Le but de cette maniere de graver est de faire illusion , au point qu'à la premiere inspection le vrai connoisseur ne sache faire la différence du dessein original d'avec l'estampe gravée qui en est l'imitation. On sent bien que l'utilité de ce genre de graver est de multiplier les exemples dessinés que nous ont laissé les maîtres célebres qui possédoient ce qu'on appelle la *belle maniere de dessiner* relativement à la pratique du crayon ; avantage supérieur à tous les autres genres de gravure pour former des éleves dans la pratique du dessein.

Quel secours les jeunes commençans ne recevront-ils pas de cette nouvelle découverte ? Combien d'éleves éloignés des grandes villes , le centre des arts, ne pouvant se procurer des desseins originaux des Raphaëls , des Caraches , des Bouchardons, des Vanloo, *&c.* passent les premieres années de leurs études à dessiner d'après des estampes gravées en taille-douce , & acquierent par-là une maniere de dessiner *seche, dure*, & *arrangée*, si opposée au bon goût du crayon & à l'effet de la nature ? Tous ces obstacles à leur avancement ne subsisteront plus ; en multipliant les moyens de s'instruire , on a applani les premieres difficultés de l'art, on l'a rendu plus accessible , moins rebutant.

Ce genre de gravure s'exécute avec des tailles de burin comme la gravure en taille-douce , mais par un mélange de points variés & sans ordre, comme plus propres à imiter cette espece de grainé occasionné par le crayon sur un papier plus ou moins doux. Chaque coup de crayon sur le papier doit être considéré comme une infinité de points réunis , & ces points ne sont autre chose que les éminences du grain du papier sur lesquels le crayon se dépose en passant dessus.

Le cuivre dont on se sert ayant été bruni & verni, comme il a été dit pour la gravure en taille-douce , on fera contre-épreuver le dessein que l'on veut imiter , sur le vernis de la planche. Si le dessein original ne peut pas se contre-épreuver, on en prendra un calque à la sanguine sur du papier vernis ou huilé , & ce calque tiendra lieu de dessein pour transmettre tous les traits de l'original sur le vernis. Cela posé, on formera les contours de son objet *a a* , *fig.* 14. avec des points plus ou moins empâtés les uns sur les autres , suivant la finesse ou la force du coup de crayon indiqué par l'original. On se sert pour former ces points, des pointes 1, 2, 3. On établit ensuite toutes les masses d'ombres & les reflets, en exprimant d'abord toutes les hachures dominantes, c'est-à-dire, par exemple, que si l'on avait une masse d'ombre semblable à la *fig.* 11. on la considérera sous deux aspects différens ; 1°. sous celui de la *fig.* 12. représentant les hachures dominantes qui servent à indiquer la perspective de l'objet ; 2°. sous celui de la *fig.* 13.

qui n'offre que le fond grainé qui sert dans les masses d'ombres à assourdir & à colorer, & en même tems à brouiller les hachures qui interromproient la tranquillité qu'exige la privation totale de la lumiere.

Les demi-teintes seront formées de hachures formées de points ou par des adoucissemens grainés, suivant ce qu'indiquera l'original ; & les touches les plus vigoureuses seront empâtées par des points confondus les uns avec les autres. La *fig.* 14. représente une ébauche faite à l'eau-forte , suivant l'ordre des opérations que nous venons d'établir : cette sorte de gravure peut mordre à l'eau-forte à couler ou de départ, suivant le choix de l'artiste ; mais on observera de laisser mordre moins de tems les parties qui approchent des lumieres , & davantage celles qui sont les plus vigoureuses. Il n'y a point de mal que les points qui forment les touches & les coups de crayon les plus vigoureux viennent à crever un peu l'un dans l'autre ; il en résulte même un grignotis singulier & un désordre plus affecté, en même tems plus vrai.

La *fig.* 14. n'ayant pas tout l'effet de l'original, on remettra du grain dans les endroits qui en sont susceptibles, comme en *bbb*, *fig.* 15. ce qui se pratique avec la pointe , *fig.* 1. ou avec le burin qu'on voit , *fig.* 10. Si le premier travail est généralement trop transparent dans les masses d'ombres , on se servira du mattoir pour répandre sur le tout un grain, qui en absorbant tous les petits blancs, produira des tons plus sourds. On donnera aux touches leur plus grande vigueur en se servant du burin pour crever davantage les travaux de la préparation. Enfin on cherchera à imiter le grain du papier , formant des especes de petites cannelures qui coupent les hachures du crayon par des directions horisontales ou perpendiculaires que le dessein original indiquera ; on exprimera ces lignes cannelées par des points remis après-coup au burin ou à la pointe dans les endroits où le crayon a passé , mais moins sensibles & moins apparens dans les endroits les plus bruns & les plus clairs. Dans cet exemple ces lignes sont dans les directions perpendiculaires indiquées par *c d* dans la *fig.* 11. & par *ef*, *fig.* 15. qui est totalement achevée. Cette gravure doit être ébarbée avant de passer à l'impression, comme on ébarbe les planches gravées en taille-douce.

Nous ne prétendons point que cette maniere d'opérer soit généralement suivie de tous ceux qui travaillent en ce genre : chacun suit celle qui lui paroit la plus convenable & la plus expéditive. Les outils varient aussi suivant le choix de l'artiste. Il y en a qui se servent de roulette pour matter toutes les masses d'ombres , les reflets, les demi-teintes , & ils ne préparent à l'eau-forte que les hachures dominantes, les contours, & les touches les plus fortes ; d'autres se servent de mattoirs en forme de poinçons , dont un des bouts est garni d'une certaine quantité de petites dents pointues d'inégale grosseur ; ils frappent sur l'autre bout de ce mattoir avec un petit marteau , & font mouvoir l'outil dans tous les endroits qu'ils veulent refortifier. Toutes ces variétés & ces moyens différens concourent au même but, & sont bons dans la main d'un artiste intelligent, pourvu qu'il évite avec soin un arrangement servile & simmétrique dans son travail, car la meilleure maniere , c'est-à-dire celle qui fait le plus d'illusion, est celle qui laisse le moins appercevoir le métier , & qui paroit la plus inimitable.

Fig. 1. Pointe servant à pointiller les contours & les hachures dans la préparation à l'eau-forte.

2. Pointe double.

3. Pointe triple avec laquelle on peut faire trois points à-la-fois ; les pointes de cet outil doivent être de différente grosseur & un peu émoussées ; il en est de même des deux *figures* précédentes.

4. Poinçon à remettre de gros grains dans les endroits déja préparés à l'eau-forte, que l'on veut empâter & refortifier davantage ; cet outil fait à-la-fois deux points de différente grosseur & de forme irréguliere : ces deux pointes doivent être un peu émoussées afin de faire des points moins acres : on s'en sert en frappant sur la partie *a* avec un petit marteau.

5. Mattoir, efpece de poinçon, dont la partie *b* qui a la forme d'un cul de dé, eft garnie d'une infinité de petites dents inégales, émouffées, & placées fans ordre ; on s'en fert en frappant deffus avec le marteau, comme il a été dit ci-deffus. On l'emploie pour remettre un grain léger, & matter ou affourdir davantage ce que l'eau-forte aurait rendu trop tranfparent.

6. Le *même* mattoir avec un manche ou poignée. On peut employer celui-ci en gravant à l'eau-forte, pour répandre fur les hachures dominantes un grain qui forme les maffes d'ombres, les reflets, &c.

7. Le bout d'un des mattoirs précédens, repréfenté beaucoup plus grand, afin de faire mieux fentir la maniere doit il doit être fait. Cet outil doit être d'acier : on lui donnera la forme que l'on voit avant de le tremper, & avec le bout d'un burin on frappera fur la furface *c*. Chaque coup de pointe de burin fera donné çà & là fans ordre & fans fimmétrie, ce qui formera autant de petites dents ou éminences pointues ou inégales ; alors on trempera cet outil. Lorfqu'il fera trempé on émouffera ces petites pointes en les frottant légérement fur la pierre à l'huile. Il réfultera de cette derniere opération, que les dents les plus longues fe trouveront émouffées, & les autres conferveront leurs pointes aiguës, ce qui formera le mêlange de points pour la forte de travail auquel cet outil eft deftiné.

8. Roulette d'acier trempé, fervant à matter, foit dans la préparation à l'eau-forte, foit après-coup pour donner l'effet. On formera cette roulette & on y fera les dents, comme il a été dit ci-deffus.

9. La *même* roulette vûe de côté. On voit en *d* un effai du grain qu'elle peut former en la paffant à plufieurs reprifes & dans différentes directions fur le même endroit ; ce grain fera plus fort ou plus léger, en appuyant plus ou moins.

10. Burin avec lequel on peut faire deux points à-la-fois : on fe fert de cet outil ou du burin ordinaire pour fortifier les touches par des points crevés les uns dans les autre.

11. Hachures croifées & affourdies ou mattées par un fond grainé.

12. Hachures croifées, faites toutes à l'eau-forte avec différentes pointes.

13. Fond grainé qui peut être fait avec des pointes de différentes groffeurs, *fig.* 1. & 2. ou avec la roulette & le mattoir, *fig.* 6. cette derniere maniere feroit plus expéditive.

14. Oreille ébauchée à l'eau-forte. On doit faire enforte que le travail de l'eau-forte approche beaucoup du ton de l'original, enforte qu'il n'y ait plus que les vigueurs à donner, foit avec des points de burin crevés les uns dans les autres, ou avec les mattoirs, & enfin qu'il n'y ait pour-ainfidire que l'accord général à remettre après coup, les légéretés, &c.

15. La *même* oreille finie. Les efpeces de cannelures *ef* qui indiquent la trame du papier, ont été mifes après coup avec le bout *e* du poinçon, *fig.* 4. Par le moyen de cette maniere de graver on pourroit imiter les deffeins faits à la fanguine & à la pierre noire fur le papier blanc, il ne s'agit que de faire deux planches pour le même fujet, c'eft-à-dire une pour chaque couleur.

Avec trois planches on parviendroit pareillement à imiter les deffeins à la fanguine & à la pierre noire, réhauffés de blanc fur du papier de couleur, bleu ou gris.

Il paroit par le certificat de l'académie de Peinture, & la penfion du Roi accordée à M. François, qu'il eft l'inventeur de cette gravure, dont M. Marteau a donné dans la fuite des exemples très-eftimés. Ces explications font de M. Prevoft.

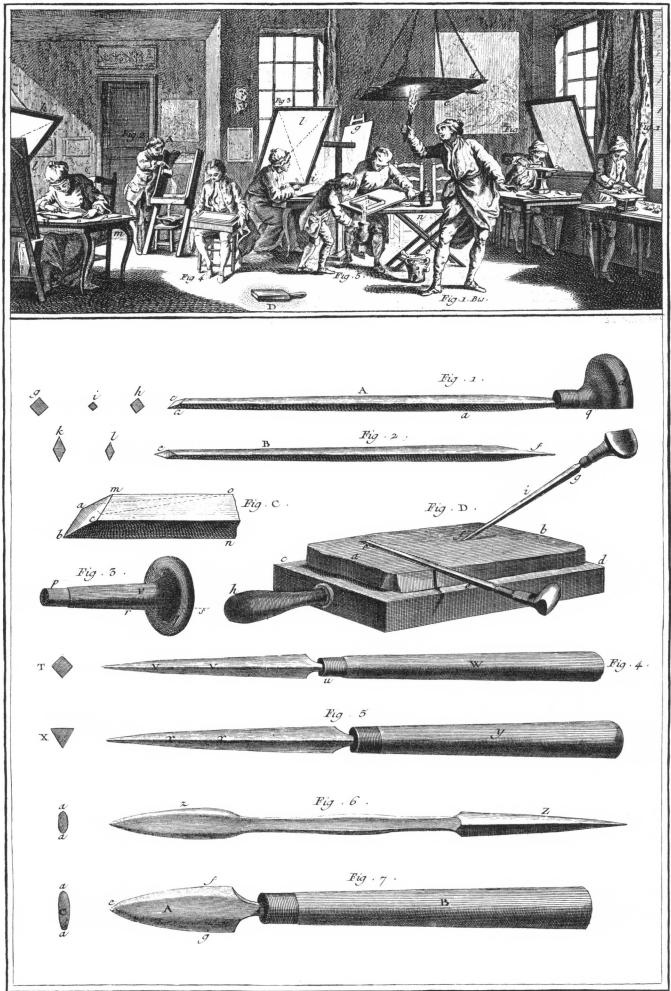

Pl. I.

Fig. 1.

Fig. 2.

Fig. C.

Fig. D.

Fig. 3.

Fig. 4.

Fig. 5.

Fig. 6.

Fig. 7.

Gravure en Taille-douce.

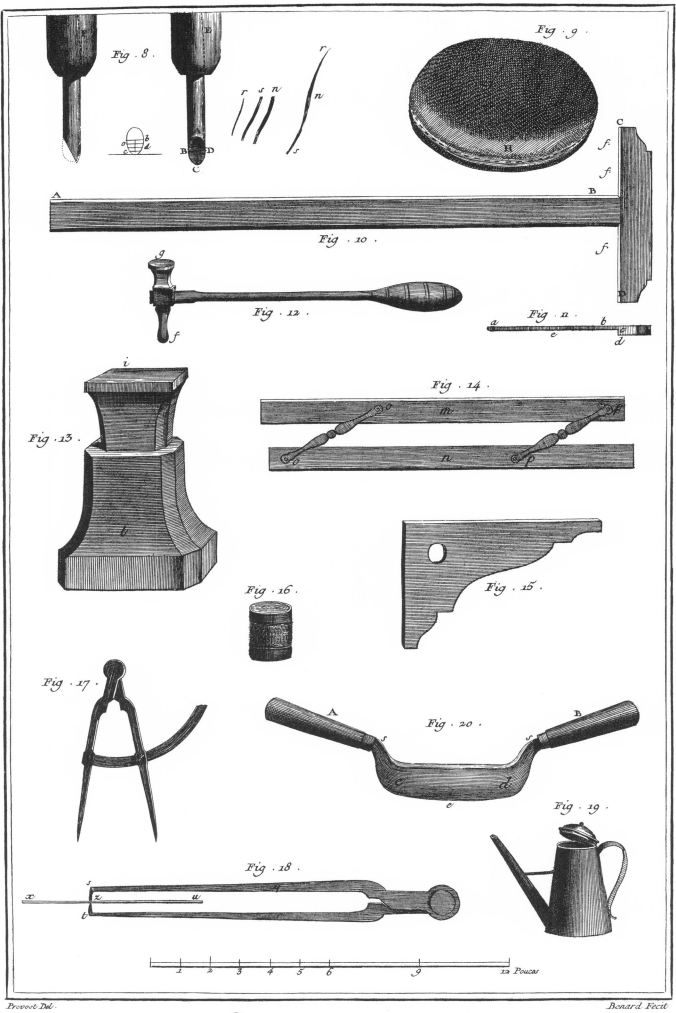

Fig . 8 .

Fig . 9 .

Fig . 10 .

Fig . 12 .

Fig . 11 .

Fig . 13 .

Fig . 14 .

Fig . 15 .

Fig . 16 .

Fig . 17 .

Fig . 20 .

Fig . 19 .

Fig . 18 .

1 2 3 4 5 6 9 12 Pouces

Provost Del .

Benard Fecit

Gravure en Taille Douce .

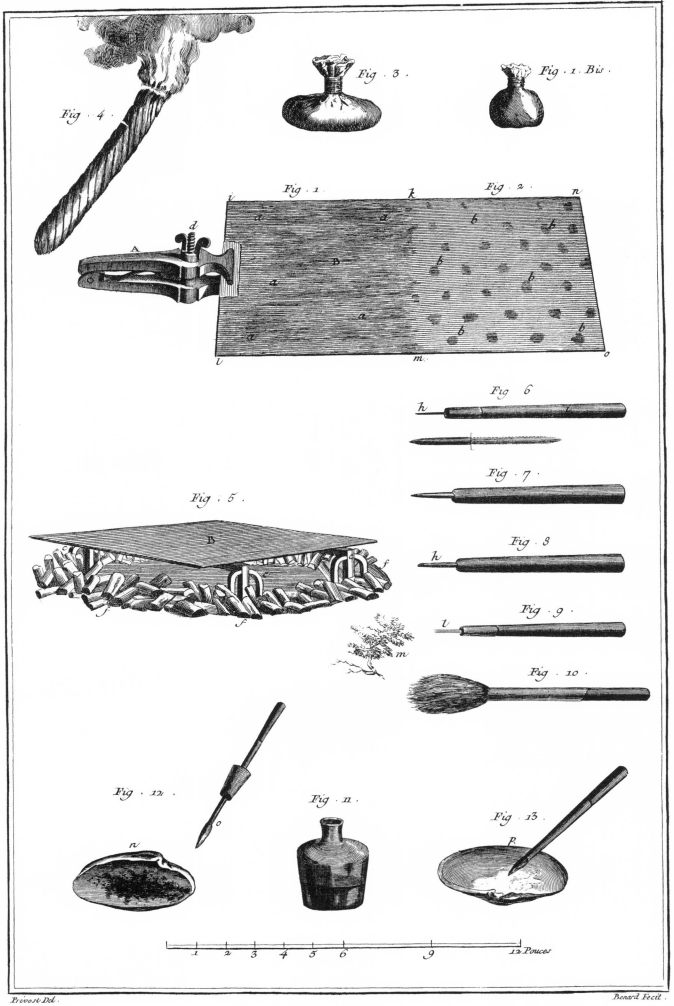

Pl. II.

Fig. 4.

Fig. 3.

Fig. 1. Bis.

Fig. 1.

Fig. 2.

Fig. 6.

Fig. 7.

Fig. 5.

Fig. 8.

Fig. 9.

Fig. 10.

Fig. 12.

Fig. 11.

Fig. 13.

1 2 3 4 5 6 9 12 Pouces

Prevost Del.

Benard Fecit.

Gravure en Taille Douce.

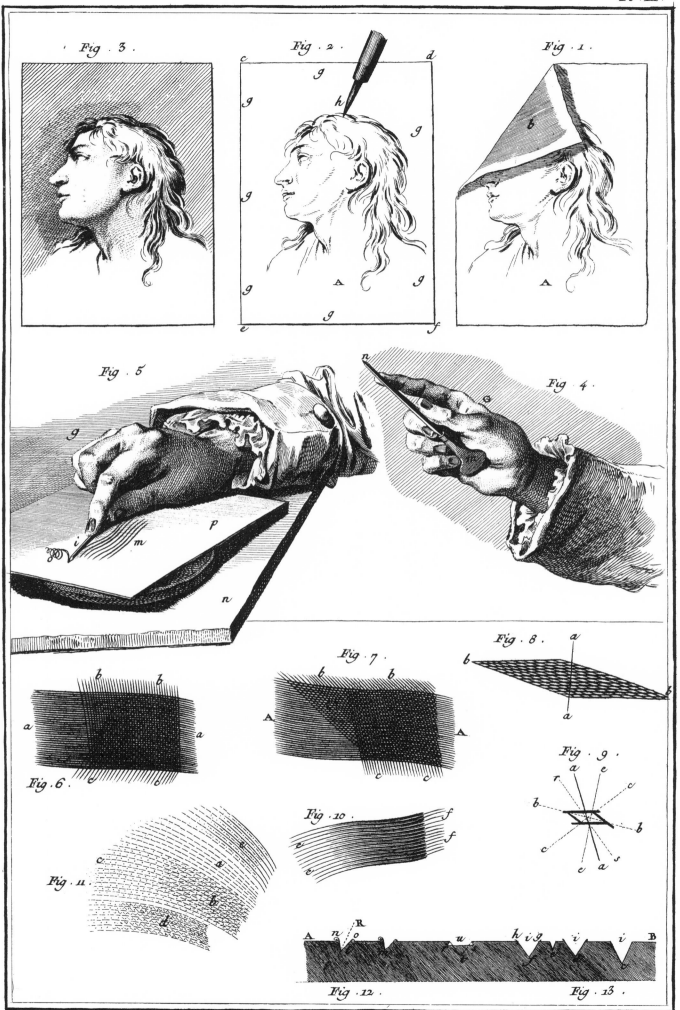

Pl. III.

Fig. 3.

Fig. 2.

Fig. 1.

Fig. 5.

Fig. 4.

Fig. 8.

Fig. 7.

Fig. 9.

Fig. 6.

Fig. 10.

Fig. 11.

Fig. 12.

Fig. 13.

Benard Fecit.

Gravure en Taille-douce.

Pl. IV.

Fig. 1.

Fig. 2.

Fig. 3.

Fig. 4.

Fig. 6.

Fig. 5.

Benard Fecit.

Gravure en Taille-Douce.

Pl. V.

Fig. 1.

Fig. 5.

Fig. 6.

Fig. 7.

Benard Fecit.

Gravure, Maniere de faire mordre à l'eau-forte.

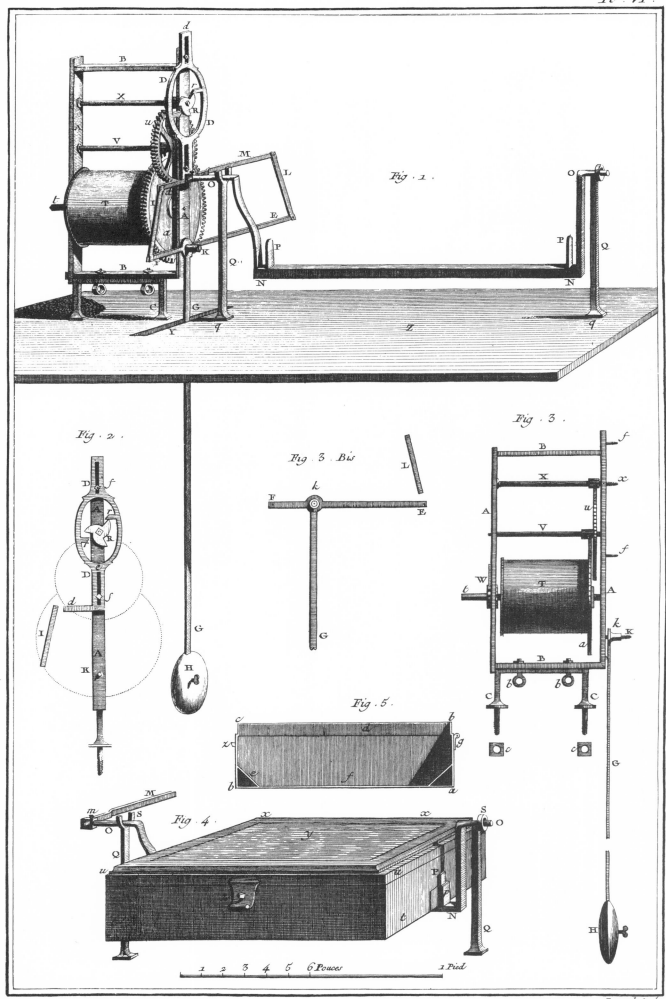

Pl. VI.

Fig. 1.

Fig. 2.

Fig. 3.

Fig. 3. Bis

Fig. 5.

Fig. 4.

1 2 3 4 5 6 *Pouces* 1 *Pied*

Benard Sculp.

Gravure à l'Eau Forte, machine à Balotter.

Pl. VII.

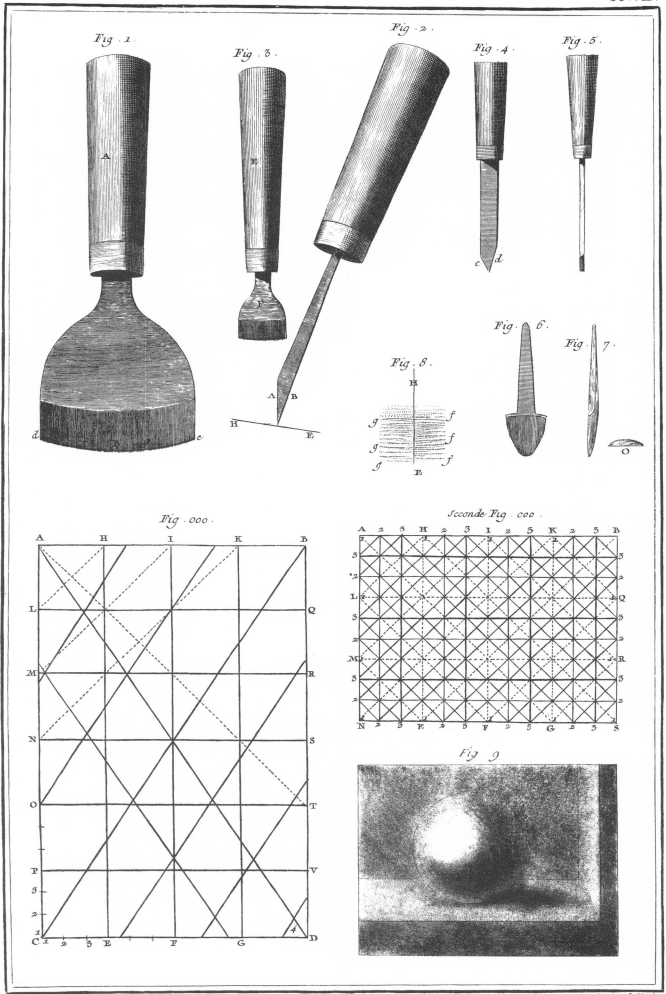

Gravure en Maniere Noire.

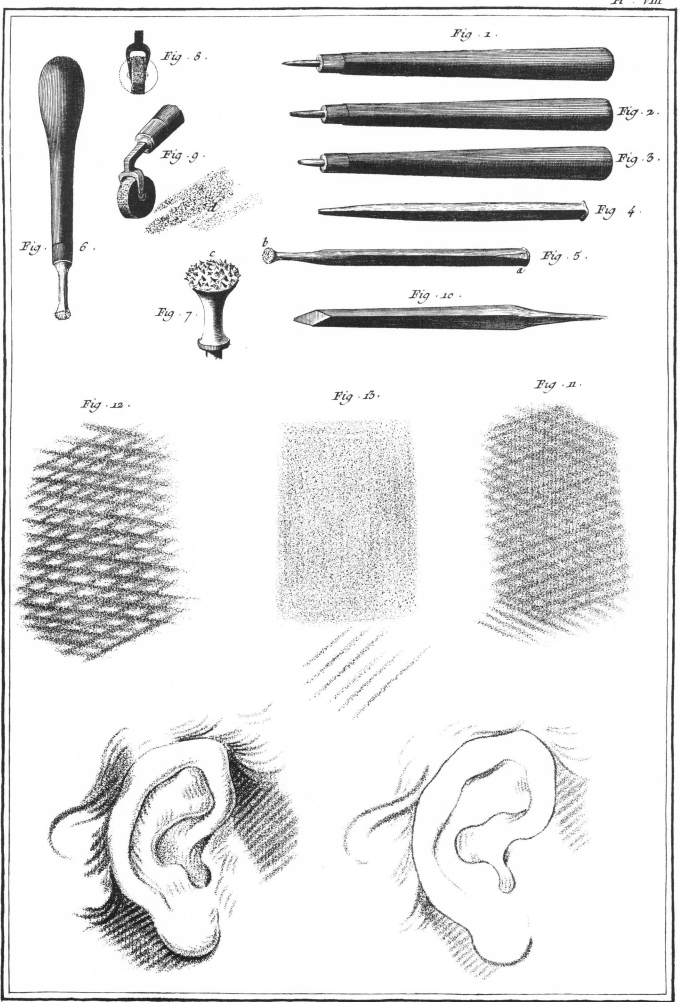

Fig . 1 .

Fig . 2 .

Fig . 3 .

Fig . 8 .

Fig . 9 .

Fig . 4 .

Fig . 6 .

Fig . 5 .

Fig . 7 .

Fig . 10 .

Fig . 12 .

Fig . 13 .

Fig . 11 .

Benard Fecit.

Gravure en Maniere de Crayon.

GRAVURE EN BOIS.

CONTENANT TROIS PLANCHES.

PLANCHE Iere.

LE haut de cette Planche repréfente un attelier de Gravure en bois, où plufieurs ouvriers font diverfement occupés, un en *a* à ébaucher des planches; un en *b* à faire chauffer les outils pour les tremper; un autre en *c* à les faire recuire à la lumiere; & plufieurs autres en *d* à graver fur des planches de bois. Le refte de l'attelier eft femé de différens outils propres à la Gravure en bois.

Outils.

Fig. 1. Etabli. A la table. B B les piés. C le valet.
 Manche de pointe à graver, *voyez les fig.* 11. & 12.
2. Rabot. A le rabot. B le fer.
 Côté du bifeau de la pointe à graver, *voyez la fig.* 10.
3. Varelope. A la varelope. B le fer. C le manche. D la volute.
 Côté fans bifeau de la pointe à graver, *voyez la fig.* 9.
4. Scie à main. A le fer de la fcie. B le chaffis. C le manche.
 Dos de la pointe à graver, *voyez la fig.* 8.
5. Maillet. A le maillet. B le manche.
 Pointe à graver ficelée, *voyez la fig.* 7.
6. Marteau. A la tête. B la panne. C le manche.
 Fermoirs emmanchés, *voyez les fig.* 13. 14. & 15.
7. Pointe à graver emmanchée & ficelée. A la premiere partie du chef. B la feconde. C la ficelle tortillée. D le manche.
 Fermoirs emmanchés, *voyez les fig.* 13. 14. & 15.
8. Dos de la pointe à graver. A la premiere partie du chef. B la feconde.
 Gouges, *voyez la fig.* 20.
9. Côté fans bifeau de la pointe à graver. A la premiere partie du chef. B la feconde.
 Gouges, *voyez la fig.* 20.
10. Côté du bifeau de la pointe à graver. A la premiere partie du chef. B la feconde. C le bifeau.
 Trufquin, *voyez la fig.* 23.
11. & 12. Manches de bois de pointe à graver. A A les fentes. B B les bouts dentés pour retenir la ficelle. C C les boutons.
 Entaille, *fig.* 11. *voyez la fig.* 37.
 Racloir, *fig.* 12. *voyez la fig.* 17.
 Equerre de cuivre, *fig.* 13. *voyez la fig.* 24.
 Fauffe regle ou fauffe équerre, *fig.* 14. *voyez la fig.* 25.
 Garde-vue, *fig.* 15. *voyez la fig.* 35.
 Mentonniere, *fig.* 16. *voyez la fig.* 34.
 Broffe, *fig.* 17. *voyez la fig.* 36.
 Preffe, *fig.* 18. *voyez la fig.* 41.
 Broyon, *fig.* 20. *voyez* B C *fig.* 40.
 Rouleau, *fig.* 21. *voyez la fig.* 43.

PLANCHE II.

Outils.

Fig. 4. *voyez la fig.* 45. Pl. III.
5. *voyez la fig.* 46.
6. *voyez la fig.* 47.
7. *voyez la fig.* 48.
8. *voyez la fig.* 49.
9. *voyez les fig.* 50. & 51.
10. *voyez la fig.* 52.
11. *voyez la fig.* 53.
12. *voyez la fig.* 54.
13. Fermoir vu de face. A le fer. B le bifeau. C le manche.
13. *voyez la fig.* 55.
14. Fermoir vu de profil. A le fer. B le bifeau. C le manche. D la partie du manche abattue.
14. *voyez la fig.* 57.
15. Petit fermoir fait d'aiguille. A le fer. B le manche.
15. *voyez la fig.* 56.

16. Pointe à tracer. A la pointe. B le manche.
16. *voyez la fig.* 59.
17. Racloir. A le fer à queue d'aronde. B le manche.
17. *voyez la fig.* 60.
18. Petit grattoir. A le fer. B la pointe.
18. *voyez la fig.* 58.
19. Autre grattoir plus fort. A le fer. B le manche.
19. *voyez la fig.* 58.
20. Gouge. A le tranchant concave. B la tige. C la pointe.
21. Bec-d'âne. A le taillant. B la tige. C la pointe.
22. Burin en grain d'orge. A le taillant. B la tige. C la pointe.
23. Trufquin. A le quarré. B la pointe. C la platine. D la clavette ou ferre.
24. Equerre. A l'épaulement.
25. Fauffe regle à parallele. AA les regles. BB les platines. CC les boutons. *Voyez les fig.* 26. & 27.
26. Regle fimple. A le chanfrein.
27. Regle à parallele. AA les regles. BB les platines. CC les boutons.
28. Pointe à l'encre du compas à quatre pointes.
29. Pointe au crayon du compas à quatre pointes.
30. Compas à quatre pointes. A la tête. B la pointe immobile. C la pointe mobile.
31. Compas fimple. A la tête. BB les pointes.
32. Porte-crayon. A le porte crayon. BB les viroles.
33. Tire-ligne. A la tige. B le bouton. CC les platines. D la vis.
34. Mentonniere. A le menton. BB les cordons.
35. Garde-vue.
36. Broffe.
37. Entaille. A l'entaille. B la planche. C le coin.
38. Pierre à l'huile. A la pierre. B le chaffis.
39. Meule montée. A la meule. B l'auge. C le fupport. DD les piés. E la manivelle. F la pédale.
40. Marbre. A le marbre. B le broyon. C le manche.
41. Preffe. A le papier preffé. BB les plateaux. CC les calles. DD les vis. EE les écrous.
42. Balle. A le cuir cloué. B le manche.
43. Rouleau. A le rouleau couvert de drap. BB les manches à virole. CC les boutons.

PLANCHE III.

Principes.

Fig. 3. 4. 5. & 6. fupprimées.
7. *voyez les fig.* 61. & 62.
10. *voyez la fig.* 63.
44. Modele d'une coupe. A la coupe.
45. Modele d'une recoupe. A la coupe. B la recoupe. C le copeau.
46. Coupe pour former la main. C la coupe.
47. Autres coupes pour former la main. DD les coupes.
48. Modele de coupes en échelle. EE coupes.
49. Modele de recoupes à quatre ou cinq reprifes. A la premiere. B la feconde. C la troifieme. D la quatrieme. E la cinquieme.
50. & 51. Formes des tailles.
52. 53. & 54. Modeles de quatre lignes à tracer fur une planche de bois comparée avec quatre autres femblables fur une planche de cuivre.
55. Modele des tailles circulaires ou courbes. AB route de la pointe.
56. Modele d'entetailles ou tailles rentrées.
57. Modele d'entetailles ou tailles courbes entre des longues.
58. Modele de points.
59. Modele de contre-tailles ou fecondes tailles.
60. Modele de triples tailles.
61. & 62. Modeles de planches ébauchées. A piece préparée. B piece placée. L champs évuidés.
63. Modele de planche faite.

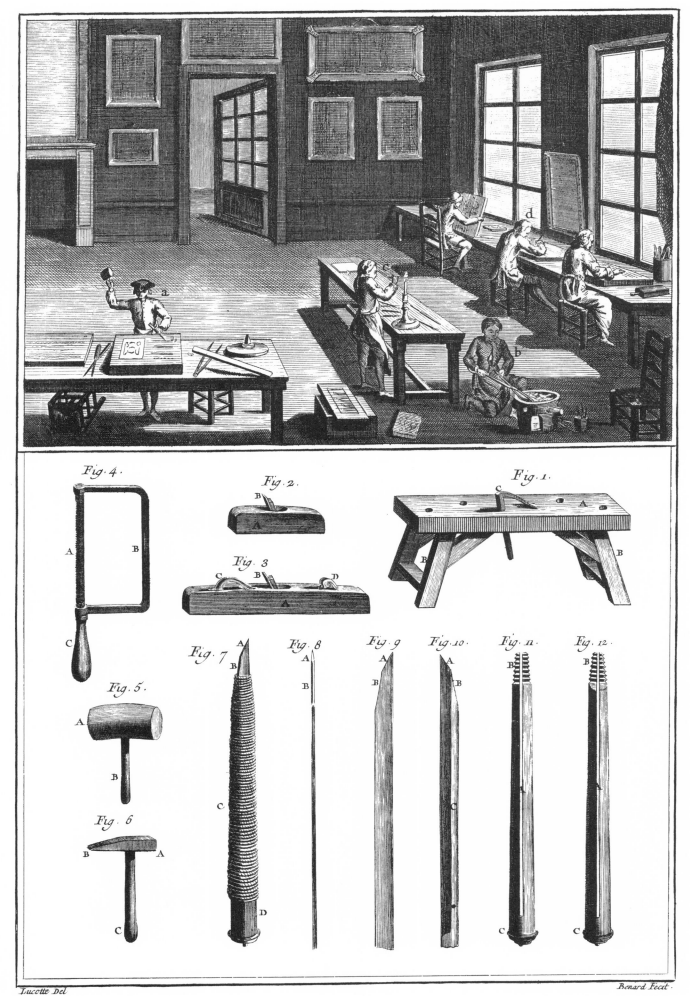

Pl. I.

Fig. 4. Fig. 2. Fig. 1.

Fig. 5.

Fig. 6.

Fig. 7. Fig. 8. Fig. 9. Fig. 10. Fig. 11. Fig. 12.

Lucotte Del. Benard Fecit.

Gravure en Bois, Outils.

Pl. II.

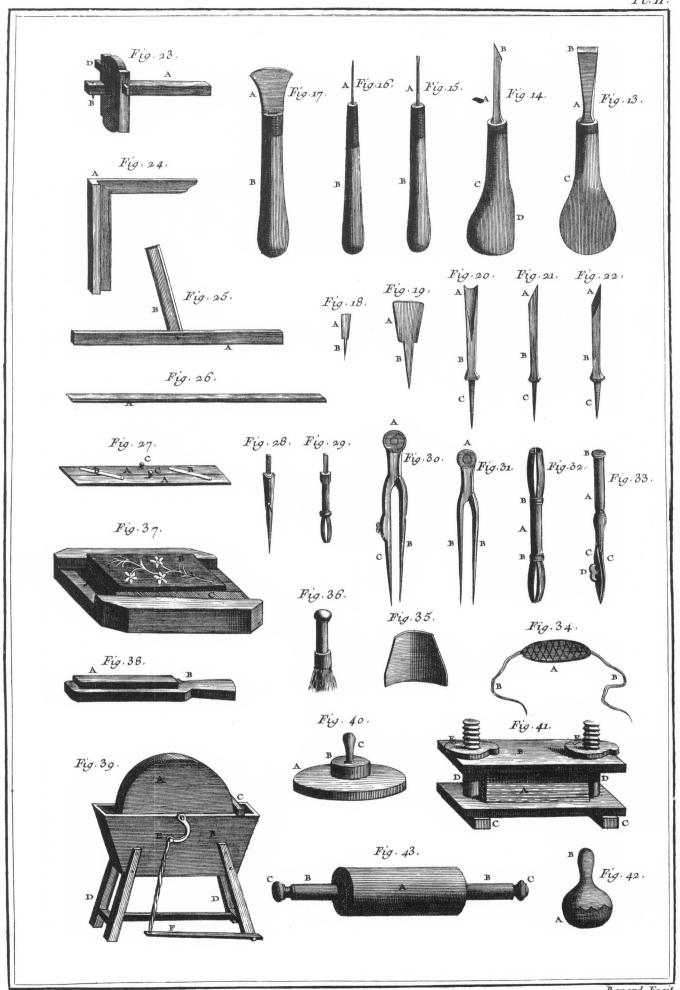

Fig. 23. Fig. 17. Fig. 16. Fig. 15. Fig. 14. Fig. 13. Fig. 24. Fig. 25. Fig. 18. Fig. 19. Fig. 20. Fig. 21. Fig. 22. Fig. 26. Fig. 27. Fig. 28. Fig. 29. Fig. 30. Fig. 31. Fig. 32. Fig. 33. Fig. 37. Fig. 36. Fig. 35. Fig. 34. Fig. 38. Fig. 40. Fig. 41. Fig. 39. Fig. 43. Fig. 42.

Benard Fecit.

Gravure en Bois, Outils.

Fig. 44.

Fig. 46.

Fig. 48.

Fig. 45.

Fig. 47.

Fig. 49.

Fig. 53.

Fig. 52.

Fig. 50.

Fig. 51.

Fig. 64.

Fig. 55.

Fig. 56.

Fig. 60.

Fig. 59.

Fig. 58.

Fig. 57.

Fig. 63.

Fig. 61.

Fig. 62.

Pl. III.

Bénard Fecit.

Gravure en Bois, Principes.

GRAVURE EN PIERRES FINES.

CONTENANT TROIS PLANCHES.

PLANCHE Iere.

Fig. 1. SITUATION dans laquelle le graveur doit être pour travailler.
2. Vûe en perspective de la table sur laquelle est posé le touret.
3. Vûe du plan de ladite table.
4. Elévation géométrale de la même table, avec le développement de la roue.

PLANCHE II.

Fig. 1. Touret monté sur son pié & enveloppé d'une chappe en forme de petit touret qui est coupé en deux parties, l'une qui est adhérente au pié du touret, & sert de soutien à la machine, & où dans chaque face est une ouverture laissant un passage libre à la corde qui va chercher la roue.
2. Touret vû par-devant & encore sans chapeau.
3. Extrêmité de la tige qui laisse voir la bouche ou ouverture de ladite forure percée quarrément.
4. Même touret dont la partie supérieure du tonnelet a été enlevée, afin de découvrir toutes les pieces qui y sont renfermées, & qui composent le corps du touret.
5. Fort écrou qui retient le pié du touret par-dessous la table; qui l'y assujettit, & empêche la machine de vaciller.
6. Tourne-vis pour monter & démonter les pieces d'assemblage qui composent le touret, quand on les veut nettoyer.
7. Tige ou canon foré, dans l'intérieur duquel se logent les outils.

PLANCHE III.

Fig. 1 Boîte plate servant à contenir couchés des outils à graver de différentes formes.
2. Boîte de fer-blanc fermée d'une peau percée de plu-

sieurs trous pour recevoir les bouteroles & autres outils semblables, & les tenir debout dans une situation où ils soient commodes à prendre.
3. Petite bouteille remplie d'huile d'olive.
4. Petit vase plat propre à mettre la poudre de diamant détrempée dans l'huile; la spatule avec laquelle on la prend, est posée dessus.
5. Outil appellé *charniere*, propre à faire des trous, ou à enlever de grandes parties.
6. Boîte à tenir la cire molle pour faire des empreintes.
7. Brosse à longs poils pour nettoyer l'ouvrage.
8. Brosse à poils courts, renfermée dans une petite boîte de fer-blanc, & destinée pour donner le poliment à l'ouvrage.
9. Pierre montée dans du ciment de mastic sur une petite poignée de bois.
10. Support propre à tourner les outils sur le touret; il consiste en une tringle de fer poli quarré, dont une des extrêmités est coudée, pour lui servir de pié ou point d'appui, lorsque l'autre extrêmité est logée dans l'ouverture.
11. Ebauchoir de cuivre, d'étain ou de bois, pour terminer la gravure, & y mettre le poliment.
12. Spatule de fer, dont l'artiste se sert pour prendre de l'huile imbibée avec de la poudre de diamant, & en arroser la gravure.
13. Petit godet monté sur un pié, dans lequel se conserve la poudre de diamant.
14. Pointe ou éclat de diamant, serti au bout d'une tige de fer.
15. Un des outils avec lequel on grave dessiné en grand.
16. Bouterole de divers calibres.
17. Scie à tête plate & tranchante.
18. Autre scie plus épaisse & pareillement tranchante.
19. Outil plat.
20. Outil demi-rond à tête ronde.
21. Outil demi-rond à tête plate.
22. Outils à pointe mousse.

Pl. I.

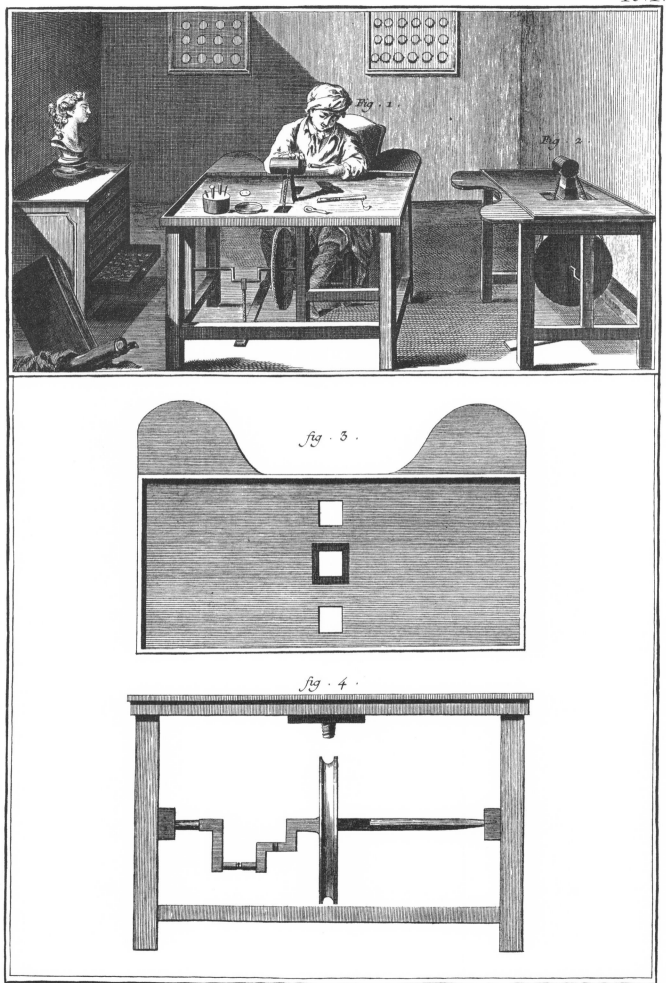

Fig. 1.

Fig. 2.

fig. 3.

fig. 4.

Boucher Del.

Bonard Fecit.

Gravure en Pierres fines.

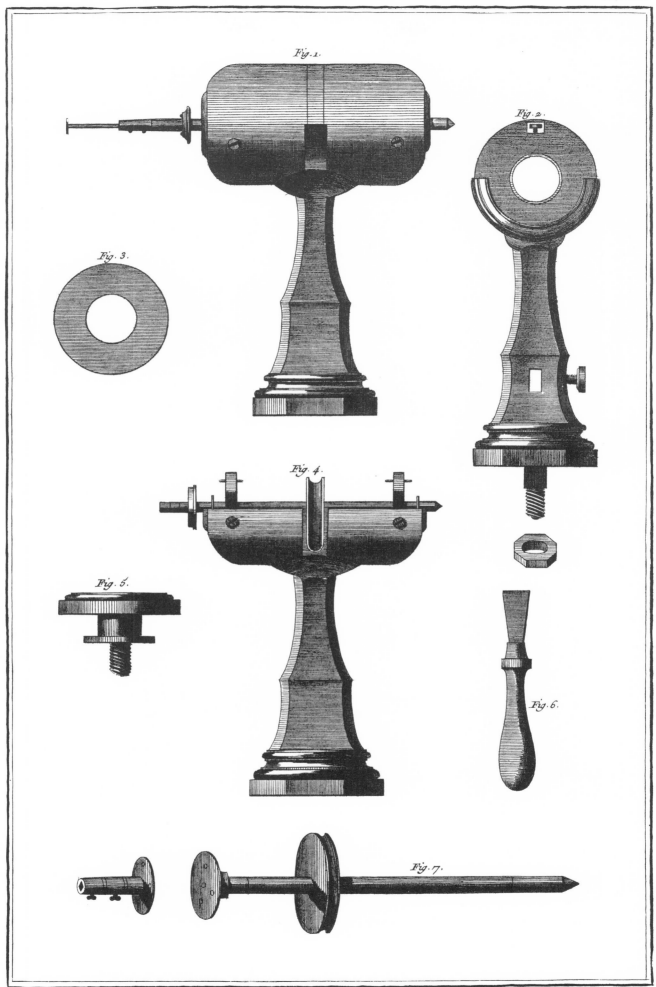

Pl. II.

Fig. 1.

Fig. 2.

Fig. 3.

Fig. 4.

Fig. 5.

Fig. 6.

Fig. 7.

Boucher del.

Benard Fecit.

Gravure en Pierres fines.

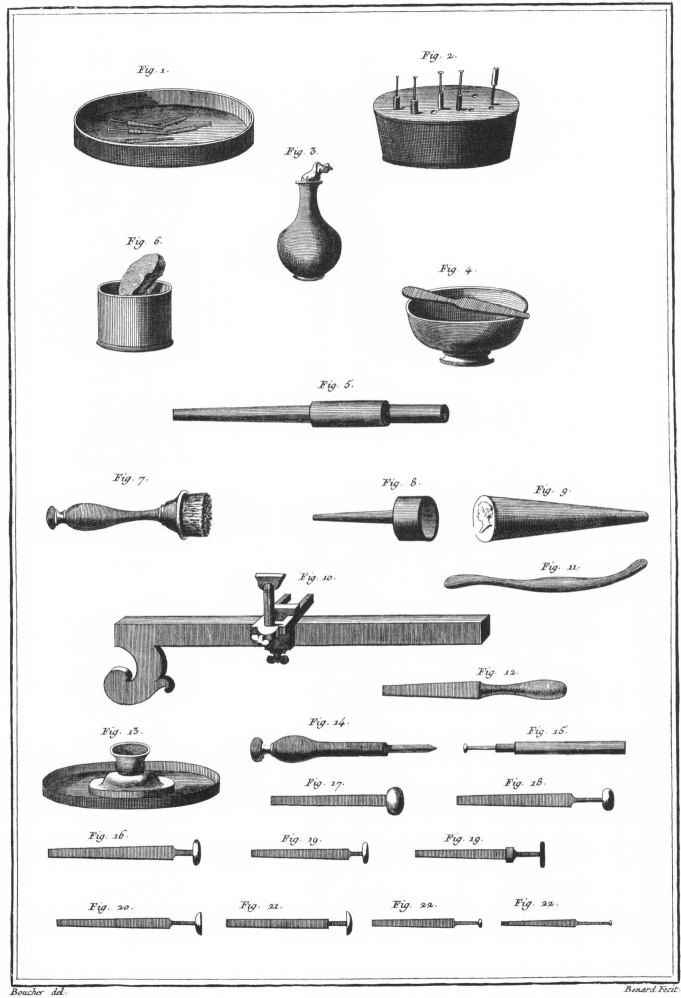

PL. III.

Fig. 1.   Fig. 2.
Fig. 3.
Fig. 6.   Fig. 4.
Fig. 5.
Fig. 7.   Fig. 8.   Fig. 9.
Fig. 11.
Fig. 10.
Fig. 12.
Fig. 13.   Fig. 14.   Fig. 15.
Fig. 17.   Fig. 18.
Fig. 16.   Fig. 19.   Fig. 19.
Fig. 20.   Fig. 21.   Fig. 22.   Fig. 22.

Boucher del.   Benard Fecit.

Gravure en Pierres fines.

GRAVURE EN MEDAILLES ET EN CACHETS.

CONTENANT CINQ PLANCHES.

GRAVURE EN MEDAILLES.
PLANCHE Iere.

A. NIVEAU pour s'assurer du parallele du dessus & du dessous du quarré, ainsi que de la surface qui environne l'ouvrage du poinçon. B. Boîte pour maintenir les quarrés, en les travaillant ou en les tournant pour faire des bordures. C. Plan de ladite boîte. D. Clé pour serrer les vis de ladite boîte. E. Quarré de jetton. F. Petit poinçon pour les garantir des jettons. G. Quarré de jetton octogone. H. Plan dudit quarré. I. Coussin pour poser l'ouvrage en travaillant. K. Grate-brosse ou grate-bosse de fil de laiton. L. Petite pierre à adoucir.

PLANCHE II.

A. Quarré du coin de médaille gravé en creux. B. Le même vu dessus. C. Poinçon de médaille en relief. D. Modele en cire. E. Ebauchoir pour ce modele. F. Boîte à mettre des poinçons d'alphabets plats ou ronds. G. Ciseaux pour ébaucher les poinçons de médaille. H. Masse ou marteau court, pour frapper les petits poinçons. h. Autre marteau moins fort pour le même usage.

PLANCHE III.

A. Echoppe plate. B. Onglette double. C. Echoppe ronde. D. Burin. E. Onglette plate. F. Petite lime douce. G. Marteau à ciseler. H. Poinçon ou ciselet. I. Poinçon pour le grenetis. K. Traçoir. L. Matoir. M. Rifloir. N. Pointe à dessiner. O. Equerre. P. Autre équerre avec le poinçon. Q. Compas à vis. R. Même équerre sans poinçon. S. Poinçon. T. Contre-poinçon.

GRAVURE EN CACHETS.

PLANCHE Iere.

Fig. 1. Poignée garnie de ciment, & son cachet.
2. Poignée servant à contenir un étui.
3. Plan de cette poignée.
4. Bocal servant à graver le soir.
5. Sceau avec son plan.
6. Boîte à contenir les poinçons.
7. Sceau avec son manche.
8. Marteau à ciseler.
9. Grate-brosse.
10. Pince qui sert à tirer les cachets du feu.
11. Cire pour tirer les empreintes des cachets.

PLANCHE II.

Fig. 1. Plomb pour essayer les poinçons.

2. Quarré pour travailler les poinçons.
3. Même quarré avec son poinçon.
4. Plan dudit quarré.
5. Matrice pour conserver l'empreinte des poinçons.
6. Quarré servant à applatir les cachets qui ont été coulés.
7. Liege pour polir les poinçons lorsqu'ils sont trempés.
8. Poinçons de différentes grosseurs.
9. Lime plate.
10. Lime demi-ronde.
11. Lime tranchante.
12. Pince pour prendre les poinçons.
13. Pierre rude.
14. Pierre demi-douce.
15. Pierre verte pour polir l'or.
16. Echoppe demi-ronde.
17. Pierre à l'huile pour aiguiser les échoppes.

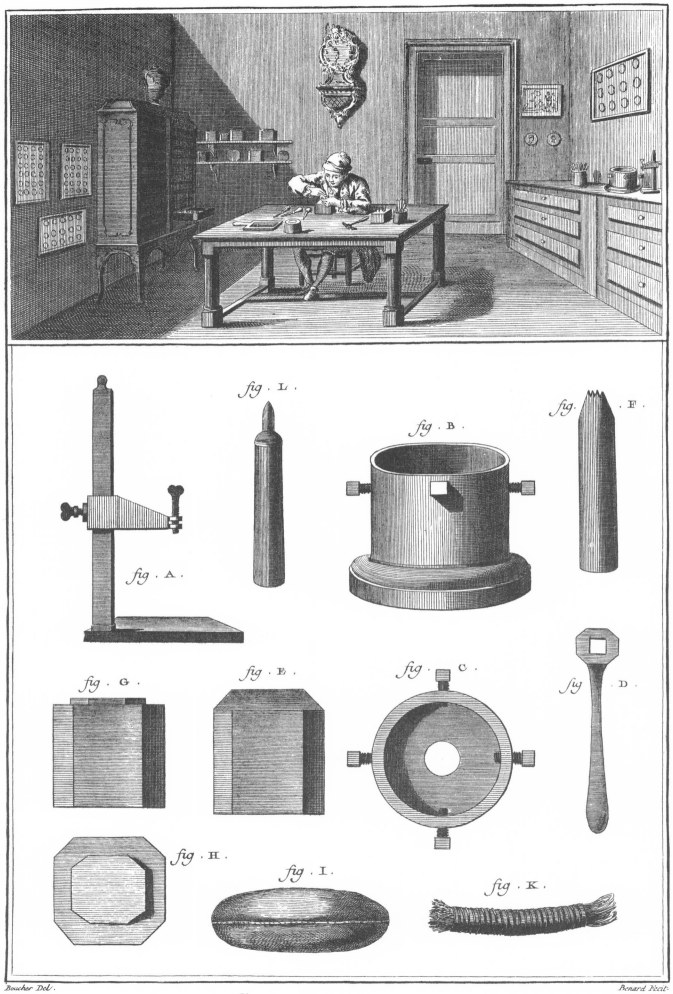

Pl. I.

fig. L.

fig. B.

fig. F.

fig. A.

fig. G.

fig. E.

fig. C.

fig. D.

fig. H.

fig. I.

fig. K.

Boucher Del.

Benard Fecit.

Gravure en Médaille.

Pl. II.

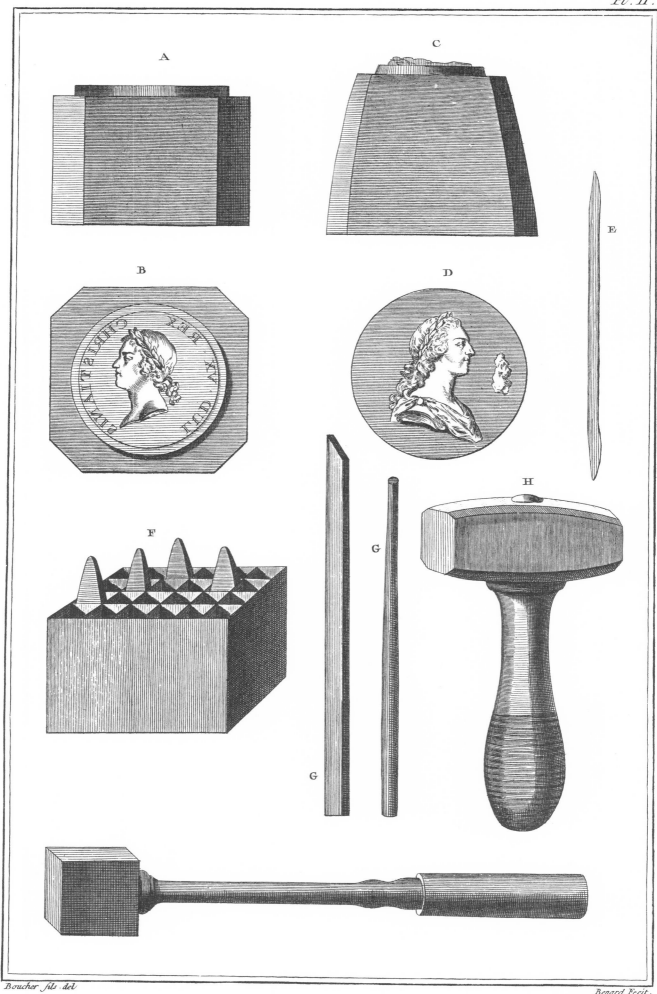

A

C

E

B

D

F

G

G

H

Boucher fils del.

Benard Fecit.

Gravure en Médaille.

Pl. III.

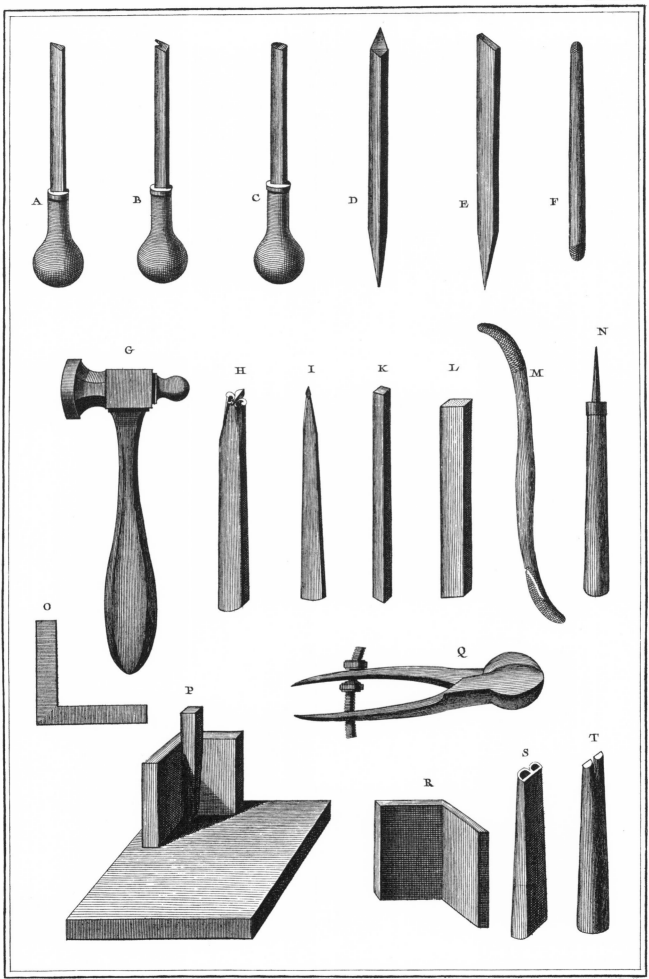

Gravure en Medaille.

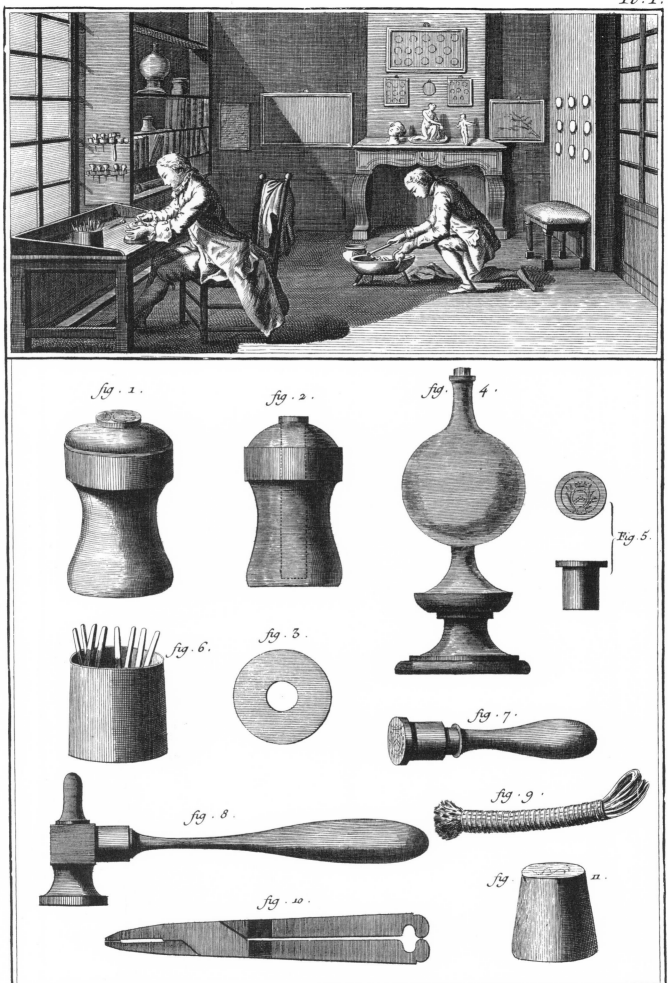

Pl. I.

fig. 1.

fig. 2.

fig. 4.

Fig. 5.

fig. 6.

fig. 3.

fig. 7.

fig. 8.

fig. 9.

fig. 10.

fig. 11.

Boucher Del.

Benard Fecit

Gravure en Cachet.

Pl. II.

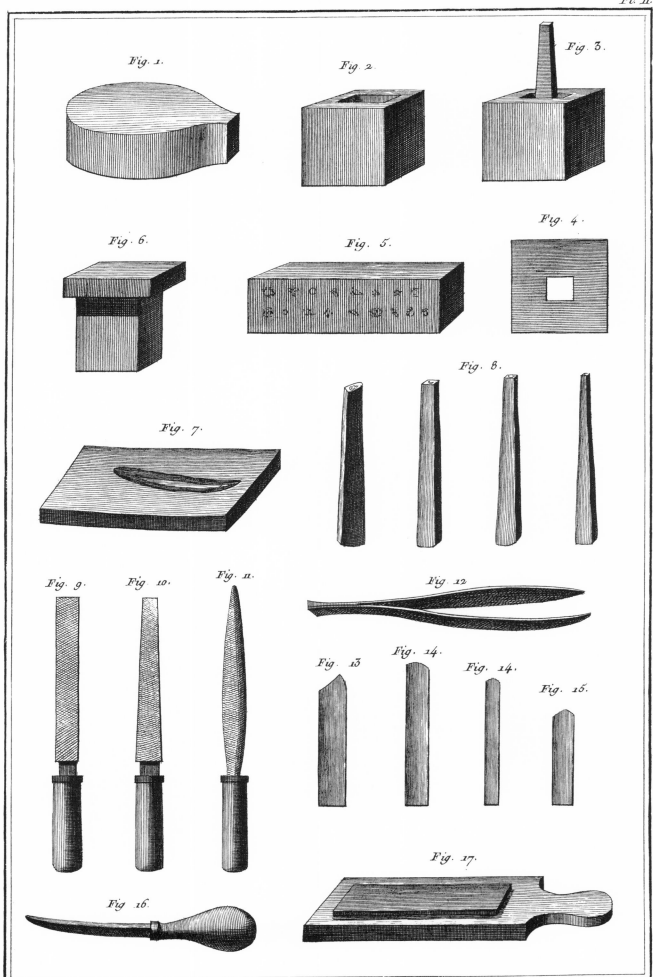

Fig. 1.

Fig. 2.

Fig. 3.

Fig. 4.

Fig. 6.

Fig. 5.

Fig. 8.

Fig. 7.

Fig. 9.

Fig. 10.

Fig. 11.

Fig. 12.

Fig. 13.

Fig. 14.

Fig. 14.

Fig. 15.

Fig. 17.

Fig. 16.

Boucher del.

Benard Fecit.

Gravure en *Cachets.*

GRAVURE EN LETTRES, EN GÉOGRAPHIE ET EN MUSIQUE.

CONTENANT DEUX PLANCHES.

PLANCHE Iere.

Gravure en lettres.

ON commence d'abord par tamponner la planche, c'est-à-dire qu'après avoir répandu une goutte d'huile dessus, on la frotte d'un bout à l'autre avec un tampon fait d'un morceau de vieux chapeau, afin de détruire le brillant que lui donne son bruni (a); après quoi on fixe, au moyen du compas & de la regle, le nombre des points d'où l'on doit tracer légérement des lignes parallèles, soit avec une pointe, soit avec un outil de ce nom, dans l'intérieur desquelles lignes est comprise la hauteur des caractères que l'on veut graver. Cette préparation faite, la planche posée sur un coussinet, on dessine par un simple trait de pointe pour les déliés, & par un double trait pour les pleins, les lettres que l'on a intention de faire, en commençant par la droite de la planche, au rebours de l'écriture; & telles que l'offre la premiere ligne de chaque exemple de la planche. Ensuite on ébauche avec une échoppe proportionnée tous les pleins de ces lettres dessinées, ainsi qu'on le voit dans la seconde ligne de chacun de ces mêmes exemples; ce qui se fait à deux reprises, c'est-à-dire d'abord en coupant les pleins de bas en-haut, & ensuite en rentrant de haut en-bas, en retournant la planche; après quoi on liaisonne la lettre de même par le bas & par le haut; ce qui s'opere avec le burin, en reprenant délicatement le simple trait du dessein qu'a tracé la pointe, en le conduisant au commencement de l'ébauche, en y rentrant à plusieurs fois, afin de former la gradation & la dégradation des pleins dont la figure est plus ou moins arrondie, & cela sans passer au-delà des parallèles, ce qui est très-important pour la régularité; c'est ce qu'offre la troisieme ligne de chaque exemple. Cela fait, on se sert d'un ébarboir pour enlever les barbes qu'on a laissées en coupant le cuivre, l'échoppe & le burin; alors on talonne au burin à deux fois, c'est-à-dire du haut & ensuite du bas, toutes les lettres qui ont besoin d'être talonnées. Pour cet effet, on fait rentrer le burin dans le trait de chaque parallèle, à la terminaison des lettres à tête, à jambage ou à queue, afin d'en justifier nettement la coupe, & lui donner l'obliquité que rend naturellement le trait de la plume dans l'écriture, voyez à la fin des exemples les fig. 4. Le tout fini, l'on ébarbe encore l'ouvrage, pour lui donner son dernier point de perfection.

Cette maniere de toucher la lettre à sept reprises, n'est pas généralement employée par la plûpart des artistes en ce genre, qui sont dans la malheureuse nécessité d'accélérer un ouvrage qui a souvent pour but plus l'intérét de l'entrepreneur, que la perfection & la gloire de l'artiste qui y travaille; mais nous croyons devoir donner la préférence à cette maniere sur toute autre, attendu qu'elle est celle du fameux Bailleul, dont la mémoire sera toujours chere aux éleves qu'il a laissés après lui.

Nous n'entrerons pas ici dans un plus grand détail sur les différentes formes des lettres; le précis qu'offre cette Planche, suffit pour donner une idée du reste. Les curieux auront recours pour plus ample satisfaction à cet égard, à l'article ÉCRITURE, & aux Planches. On n'a inséré dans le bas de cette Planche que quelques essais de différentes lettres majuscules rondes, bâtardes, capitales penchées, romaines, coulées, &c. afin de servir de guide ou de modele dans l'occasion, & même

encore quelques capitales d'ornement qu'on appelle à deux traits; d'autres grises ou hachées; d'autres qu'on appelle piquetées; d'autres fleuronnées, &c. qui se font toutes au burin, & dont la forme dépend plus du goût de l'artiste, du lieu où il les emploie, que des regles.

Les regles rigoureuses de l'art se réduisent à celles-ci. Que toutes les lettres capitales ou majuscules droites ou penchées, ainsi que les majeures bâtardes, doivent être toujours doubles en hauteur des caractères inférieurs, & que leurs pleins soient aussi proportionnés à leur hauteur, c'est-à-dire qu'ils soient doubles de ceux de ces mêmes caractères inférieurs, comme en la fig. 5. du bas de la Planche.

Il faut éviter d'allier les capitales ou majuscules droites ou penchées, à la bâtarde, & les majeures bâtardes à la romaine, &c. & conserver toujours une analogie exacte entre les genres des caractères que l'on emploie.

Des outils.

A. Parallele à vis, laquelle sert à tracer des parallèles de toutes especes, que l'on pourroit appeller parallele mobile. B & C autre espece de parallèles servant au même usage, mais dont les pointes sont fixes. D. échoppe vue de toute sa longueur. e, son manche. f, sa face. Quant à cet outil, il a été dit ci-dessus qu'il devoit être proportionné au corps ou plein de la lettre qu'on veut graver. C'est ce qui a engagé à faire voir ici en g & en h deux faces différentes de ces outils simplement, au-dessous desquels sont représentées leurs coupes ou tailles; & comme ces tailles produisent dans leurs cavités une surface plane comme en i, où le noir d'impression ne pourroit tenir, sur-tout lorsqu'il s'agit de forts caractères; il est nécessaire que le burin dont la face est en k, rentre à plusieurs tailles dans les pleins, afin d'y faire griffer le noir; c'est ce qu'offre la fig. b, démonstration un peu outrée à la vérité, mais qui n'est ainsi, que pour la rendre plus sensible. Article de Madame DELUSSE.

La fig. 1. est un poinçon appellé postionnaire. Les Graveurs en Géographie s'en servent quelquefois pour frapper toutes les positions qui se trouvent sur les cartes. La fig. 2. est l'empreinte de ce poinçon. La fig. 3. est un autre poinçon pour frapper les villes archiépiscopales. Les fig. 4. 5. 6. 7. 8. 9. & 10. sont d'autres empreintes de poinçons. Toutes ces figures appartiennent à la planche suivante, où l'on verra qu'il vaut mieux graver tous les lieux que ces poinçons désignent, que de les frapper.

PLANCHE II.

Gravure en Géographie, Topographie, & en Musique.

Le haut de cette Planche offre trois modeles de gravure dans les genres de Géographie & de Topographie.
Fig. A. Exemple de gravure dans le genre purement géographique. C'est de cette maniere qu'on a toujours représenté, & que l'on représente encore les cartes particulieres des provinces, même les royaumes, & différentes parties de la terre.
B. Exemple dans le genre semi-topographique. Les blancs de ce modele qui expriment la campagne, se trouvent remplis dans la fig. C. par les pieces de terres labourées, les portions de bruyeres, de prés, de marais, vignes, &c. & se trouvent variés selon les habitations & la fertilité du pays. On trouve aussi dans cette fig. B des portions de bois, bruyeres, prés, vignes, même les plans de quelques châteaux & parcs considérables; mais ce n'est toutefois que les plus grandes masses, ce genre ne permettant pas d'entrer dans les plus petits détails.

(a) Cette opération n'a lieu que par rapport aux Planches de cuivre qui sortent toutes brunies des mains du cuivrier; à l'égard des planches d'étain, elles ne sont susceptibles d'aucune préparation, vu qu'elles sortent toutes brunies & polies des mains du potier d'étain.

La carte générale de la France, exécutée fous la direction de M. Caffini, eft traitée dans ce genre qui jufqu'alors n'avoit point encore été mis en ufage dans aucune carte géographique.

C. Exemple dans le genre topographique. Il repréfente exactement la nature du terrein. La maniere avec laquelle on repréfente dans ce genre les villes, bourgs, paroiffes, châteaux, hameaux, maifons particulieres, & généralement tout ce qui peut exifter fur le terrein, s'y trouve détaillé au point d'y reconnoître jufqu'à la moindre habitation, foit enclos, jardins, parcs, bois, vignes, prés, marais, friches ou terres labourées, les routes plantées, celles qui font revêtues de foffés, ou qui ne le font pas, les chemins ordinaires bordés de haies ou non, en un mot toutes les pieces de terre de quelque nature qu'elles puiffent être, y font repréfentées au point de pouvoir mefurer fur l'échelle la quantité d'arpens & même de perches qu'elles peuvent contenir chacun en particulier; & c'eft en quoi differe cet exemple de la *fig.* B.

On s'eft contenté d'écrire fur les modeles qui repréfentent ces trois fortes de gravures, les noms aux différentes expreffions dont on fe fert pour défigner tout ce qui fe trouve fur le terrein, ou qui ne font feulement que des fignes de convention, comme les mouillages, les courans, les roches fous l'eau, &c.

La Géographie & la Topographie fe gravent fur des planches de cuivre planées ou brunies, comme il a été dit pour la Gravure en taille-douce. Le cuivre doit être verni de même, & la maniere de calquer ou de tranfmettre le deffein fur la planche vernie eft exactement la même auffi. On fe fert des mêmes pointes pour graver à l'eau-forte, & les burins font les mêmes. *Voyez* la Planche de Gravure en taille-douce.

Quant à la maniere de graver, voici la plus en ufage & celle qui fait le mieux. On trace à la pointe fur le verni tout ce qui eft trait, comme murs d'enclos, chemins, plans de villes, de bourgs ou de hameaux. On ne trace feulement que les contours des rivieres, des mers, des lacs, des étangs. Les bois, les bruyeres, les vignes, les jardins potagers, les terres labourées, les prairies, les marais & les chemins plantés d'arbres, doivent être faits entierement à l'eau-forte, ou préparés au ton que l'on voit dans les modeles B, C. Les pofitions, foit fermes, moulins, &c. doivent être tracées & ombrées à la pointe fur le verni, tels qu'on les voit dans les modeles A ou B. Les montagnes, les côtes efcarpées, les collines & les dunes doivent être préparées en grande partie à l'eau-forte, en frappant davantage les côtés de l'ombre, ou en fe fervant de pointes plus fines fur les côtés éclairés. Voilà en général tout ce qui fe peut faire fur le verni; alors on fait mordre la planche foit à l'eau-forte à couler, foit à l'eau-forte de départ, ce qui fe pratique comme on le voit dans les Planches du Graveur en taille-douce. *Voyez* ces Pl.

Lorfque la planche eft mordue, on emploie le burin & la pointe feche, pour achever & donner plus de perfection à ce que nous venons d'indiquer. Les rivieres dont on n'aura tracé que les contours à l'eau-forte, feront ondées par des tailles de burin. Les lacs, les étangs, les mers, & généralement toutes les furfaces d'eau doivent être exprimées par des tailles du burin filées & adoucies. Les fables doivent être faits à la pointe feche par des points près les uns des autres le long de la rive, & plus légers & plus clair femés vers le milieu ou vers la berge de la riviere, s'ils s'y rencontrent. Les maffifs des emplacemens de maifons dans les villes & bourgs doivent être pointillés auffi à la pointe feche, pour plus de propreté. Les pentes des montagnes, des collines, &c. doivent être prolongées par des tailles en points filées au burin ou à la pointe feche, afin d'adoucir le travail trop tranchant de l'eau-forte. On peut remettre dans les clairieres des bois & dans les bruyeres quelques petites tailles pointillées à la pointe feche, pour donner plus de variété, & former quelques maffes plus ou moins garnies & fablonneufes.

Il y a des Graveurs qui font tout ce que l'on vient de dire à l'eau-forte : mais quelque foin qu'ils prennent pour obferver les différentes gradations que ce travail exige, une carte gravée toute à l'eau-forte, fera toujours défagréable ou groffiérement faite, en comparaifon des modeles qu'on a fous les yeux. Il y a auffi des exemples de cartes géographiques, dont les pofitions & les bois ont été frappés avec des poinçons; cette maniere eft fujette à beaucoup d'inconvéniens. 1°. Les pofitions deviennent toujours lourdes & s'impriment malproprement; 2°. tout fe trouve du même ton, les arbres font de même forme & de même groffeur fans aucune variété, & par conféquent ne jouent pas affez; 3°. les coups de poinçons font étendre le cuivre au point qu'une gravure qui demanderoit la précifion géométrique, fe trouveroit abfolument fauffe dans fes parties. Enfin toutes ces manieres n'approchent pas de la précifion & de la beauté de celle que nous avons indiquée. *Voyez* les figures des poinçons dans le haut de la Planche précédente, numérotées 1, 2, 3, 4, 5, 6, &c.

Ces différentes parties exigeant beaucoup de foin & de propreté, font devenues un genre particulier en gravure, c'eft-à-dire que les artiftes qui s'y diftinguent le plus, font ceux qui s'en occupent effentiellement. Ce genre a, comme tous les autres, befoin d'une étude de deffein qui lui foit propre. Savoir deffiner la Géographie & la topographie eft la bafe de ces parties qui ont en gravure chacune des expreffions particulieres. C'eft aux Géographes & aux Ingénieurs à donner des leçons en ce genre; & nous obferverons que s'il étoit poffible que toutes les cartes fuffent gravées par des hommes qui réuniffent à l'art du Graveur la fcience du Géographe & de l'Ingénieur, on auroit fans contredit les cartes les plus correctes, les mieux exprimées, & les détails les plus vrais & les mieux reffentis.

Bas de la Planche. Gravure en Mufique.

L'Art de graver la Mufique n'eft pas ancien; il a pris naiffance dans le xvij. fiecle, & c'eft en 1675 qu'a paru la premiere édition de gravure de Mufique en taille-douce. La figure des notes étoit alors celle d'un lofange, imitée de celle des caracteres de fonderie inventés & gravés vers 1520 par Pierre Hautin, & qu'on a continué d'employer depuis. Dès ce tems quelques effais particuliers parurent; ils étoient gravés fur bois; les uns avoient la figure des notes quarrées ou lofanges; d'autres avoient la figure ronde, comme dans les copies manufcrites; mais cela ne fut pas généralement connu. Lorfqu'on grava fur le cuivre, quelques-uns deffinerent encore ces caracteres de même, mais à la pointe, & ils les faifoient mordre après à l'eau-forte; ce qui ne venoit pas fi régulier que ce que les poinçons frapperent dans la fuite. Les recueils de pieces d'orgue de ce tems en fourniffent des exemples; une grande partie des opéras de Lully & de Mouret; les motets de Campra & de Lalande, & les cantates de Bernier & de Clairambault, qui parurent enfuite, font des preuves de ce qu'étoit dans les commencemens ce genre de gravure. Depuis on eft parvenu à corriger l'irrégularité de ces figures de notes, en les rapprochant exactement de celles qu'offrent les manufcrits, & auxquelles on s'eft arrêté jufqu'à préfent. Cet art ayant acquis par degrés le point de perfection où il eft, devient d'autant plus utile aujourd'hui, qu'il fert à conferver & à tranfmettre à la poftérité les plus excellens morceaux de mufique, que les auteurs les plus célebres, anciens & modernes, ont pu produire.

La maniere d'opérer dans ce genre de gravure confifte à imiter fon manufcrit avec exactitude, foit fur une planche de cuivre, foit fur une planche d'étain; & cela fimplement à vue, fans fe fervir du moyen de réduction dont les Graveurs en taille-douce font ufage. On commence par compaffer la planche, afin de déterminer dans fon étendue un parallelogramme qu'on trace légerement à la pointe & avec une regle, pour prendre de-là les diftances juftes des portées, defquelles le nombre n'eft déterminé que par le plus ou le moins de place qu'offre la grandeur de la planche. Ces portées fe fixent enfuite; puis les diftances prifes au compas avec une griffe à cinq pointes, qui en marque les extrémités : enfuite on paſſe la planche ſous une regle de fer fixée ſur le régloir , & que l'on aſſujettit d'une main , pour que de l'autre on puiſſe avec le tire-ligne commencer où la griffe a marqué , ce qui s'opere en tirant à ſoi , attendu que la forme du tire-ligne eſt diſpoſée en conſéquence , *fig.* 3. Cela fait , & ſucceſſivement juſqu'en-bas de la planche , on ſe ſert d'un ébarboir pour en adoucir la ſuperficie , & enlever les barbes grenelées que laiſſe le tire - ligne en paſſant. Enſuite on deſſine légérement avec une pointe tout ce qu'indique le manuſcrit , & ce dans l'ordre inverſe qu'à l'impreſſion il ſe préſente du droit ſens. On porte enſuite la planche ſur un marbre de grandeur proportionnée , armé de petites pattes mobiles , qui ſervent à contenir la planche fixément ſur ſa ſurface. Ce marbre doit être propre par ſon épaiſſeur à réſiſter aux coups de marteau , & prêter coup à la planche , lorſqu'on vient à frapper les poinçons deſſus. Les poinçons frappés , on plane la planche ſur un tas avec une maſſe très-peu bombée ſur ſon plan (*a*). Cette opération faite , on tire au burin toutes les queues des notes qui en exigent , après quoi on les diſtingue davantage par croches de différentes eſpeces ; ce qu'on appelle *crocher* ; cela ſe fait encore au burin , quant aux ſimples croches , & avec l'échoppe , quand ce ſont des croches ſimples , doubles , *&c.* liées enſemble parallelement , comme en *a* , *fig.* D. Cela fait , on paſſe un bruniſſoir d'un bout de la planche à l'autre ; ce qui la polit & lui donne ſon dernier point de perfection (*b*).

Lorſqu'il s'agit de quelques corrections ou de quelques changemens à faire , on repouſſe l'endroit fautif ou à changer par-deſſous la planche , à coups du petit bout du marteau ſur le tas ; enſuite on ſe ſert du grattoir ſur la ſurface de la planche , on la plane , afin de détruire les éminences qu'ont cauſées les coups de marteau : c'eſt par ce moyen qu'on rétablit l'endroit offenſé , & qu'on le diſpoſe à recevoir l'impreſſion de nouveaux caractères. (*Voyez* , *fig.* 12. 13. 18. Pl. I. de la Gravure en taille-douce , le compas à repouſſer , le tas , le marteau , *&c.*) Quant à la lettre , lorſqu'il s'en trouve à graver dans les interlignes ſous la muſique , la maniere de s'y prendre eſt la même dont il eſt fait mention à *l'article* GRAVURE EN LETTRES , *&c.* On peut graver la lettre ſoit avant de frapper les notes , ou après ; mais généralement la préférence eſt donnée à la premiere maniere.

Des outils & poinçons propres à la Gravure de la muſique.

Fig. 1. A *a*. Griffes ou paralleles à cinq pointes , ſervant à fixer les extrêmités des portées.

2. B. Régloir ou planche à régler. Sa régle *b* , & une planche deſſous C. *dd* pattes ou fiches paralleles & immobiles , ſervant à fixer la planche , & à la maintenir toujours en équerre avec la regle. *e e* Chevilles qui aſſujettiſſent la regle.

3. F. Tire-ligne vu de profil. Burin recourbé de la longueur à-peu-près de quatre pouces , & de trois de poignée. *f* ſa facette ou biſeau , extrêmité tranchante vue de face.

4. G. Pierre à frapper. Marbre ſur lequel on frappe la planche , armé de ſes pattes mobiles *h h h h. i* la planche.

5. Poinçon de la clé de *ſol* , vu en-deſſus.

6. K. Poinçon de la ronde , repréſenté dans toute ſa

(*a*) Ce planage doit être fait , pour plus grande netteté , ſur le deſſous de la planche , quand elle eſt d'étain ; & au contraire ſur le deſſus de la planche , quand elle eſt de cuivre.

(*b*) Quelques-uns ſe ſervent encore de prèle pour cet effet , principalement ſur les planches d'étain ; mais joint à ce que c'eſt une opération moins prompte que l'autre , il en réſulte l'inconvénient de mordre un peu trop vivement ſur les endroits gravés.

longueur. *l* le même vu en ſurface.

7. M. Poinçon de la noire vu droit , de la longueur de trois pouces (longueur commune à tous les poinçons.) *m* ſon repert , ſur lequel poſe le pouce quand on frappe , afin que la direction de la note ſoit toujours la même. *n* dentelure ſur le bout , pour griffer le noir , & le contenir dans la cavité. *o* tête de noire , à laquelle on a tiré une queue , vu du ſens que la planche l'offre , & qui ſe préſente de droit ſens à l'épreuve.

Ces figures ſuffiſent pour donner une idée générale de la longueur & de la groſſeur de tous les autres poinçons.

On ſe contente ſeulement de donner ici un jeu de poinçons , leſquels ſont au nombre de 24, non compris celui des neuf chiffres primitifs , dont on ſe ſert pour coter les planches & chiffrer les baſſes dans la muſique. On peut doubler , tripler , quadrupler ces jeux , ſelon le beſoin que l'on a qu'ils ſoient plus ou moins gros , ou plus ou moins petits. Ces 24 pieces ſont généralement la baſe de toutes celles des Graveurs de muſique ; ſi quelques-uns d'entr'eux portent plus haut le nombre de ces pieces , c'eſt plus par ancienneté d'habitude que raiſon ; car les bâtons de meſure , les coulés ou liaiſons , & autres pieces de cette eſpece qu'ils frappent encore , peuvent également ſe faire toutes avec l'échoppe & au burin , ainſi qu'il a été dit plus haut à l'égard des croches & doubles croches ſéparées ou liées. Ces échoppes & ces burins ſont les mêmes dont ſe ſervent les Graveurs en lettres. *Voyez* la Pl. précédente.

Noms des poinçons.

Fig. A. 1. Clé de *fa.* 2. Clé d'*ut.* 3. Clé de *ſol.* 4. Dieze. 5. Béquarre. 6. Bémol. 7. Ronde , de laquelle on fait une blanche , en lui tirant une queue au burin. 8. Tête de noir , de laquelle on fait de même noires & croches. 9. Petite tête de noire , qu'on appelle *petite note d'agrément* , parce qu'elle ſert en effet dans la muſique pour les ports de voix , & autres agrémens ; on lui fait une queue , & on la croche de même que la groſſe tête de noire. 10. Point. 11. Trille , dit *tremblé* ou *tremblement.* 12. Cadence. 13. Guidon. 14 , 15 & 16. Différentes figures arbitraires de renvoi. 17. Pauſe & demi-pauſe , poinçon qui ſe frappe de deux manieres , c'eſt-à-dire tantôt ſur la ligne , & tantôt deſſous , ſelon l'exigence des cas. 18. Soupir. 19. Demi - ſoupir. 20. Quart de ſoupir. 21. Demi-quart de ſoupir. 22. Quart de quart de ſoupir. 23. Repriſe , de laquelle on ne frappe quelquefois que les points avec le poinçon n°. 10. le reſte ſe faiſant encore au burin & à l'échoppe. 24. Signe de meſure à quatre tems , dit C , parce qu'il en a la figure à-peu-près. *a.* Portée de cinq lignes tirées avec le burin recourbé ou tire-ligne , précédée d'une trace ponctuée & annoncée par les cinq points de la griffe , pour faire connoître que c'eſt de cet endroit qu'a parti le tire-ligne.

B. Portée ſur laquelle les notes ont été deſſinées & enſuite frappées ; on y voit encore les barres de meſure qui n'y ſont que deſſinées.

C. La même portée avec les queues aux notes , tirées au burin , de même que les barres de meſure.

D. La même portée , mais finie , c'eſt-à-dire que les notes ont leurs queues , leurs croches , leurs liaiſons ; *&c.* tout ce qui peut en un mot remplir l'objet qu'on ſe propoſe en pareil cas. On y a joint des paroles au-deſſous , afin d'offrir ici un exemple complet du tout , quoiqu'abrégé. *Article de Muſique par Madame* DELUSSE.

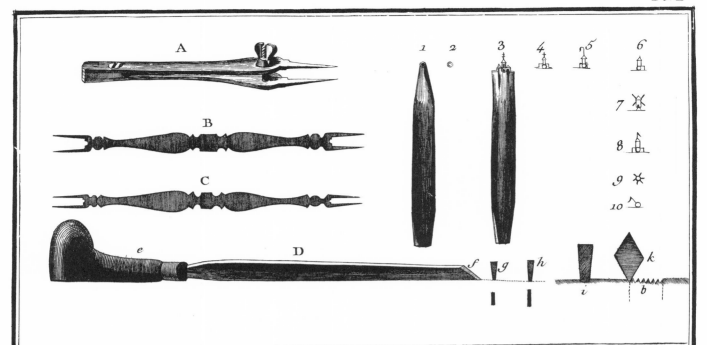

Pl. 1

EXEMPLE EXEMPLE

5 *Exemple*   *Exemple*

5 *Exemple*   *Exemple*

IAGHKL
NPSUFX

Aubin Scrip. et Sculp.   Benard Dir.

Gravure en Lettre.

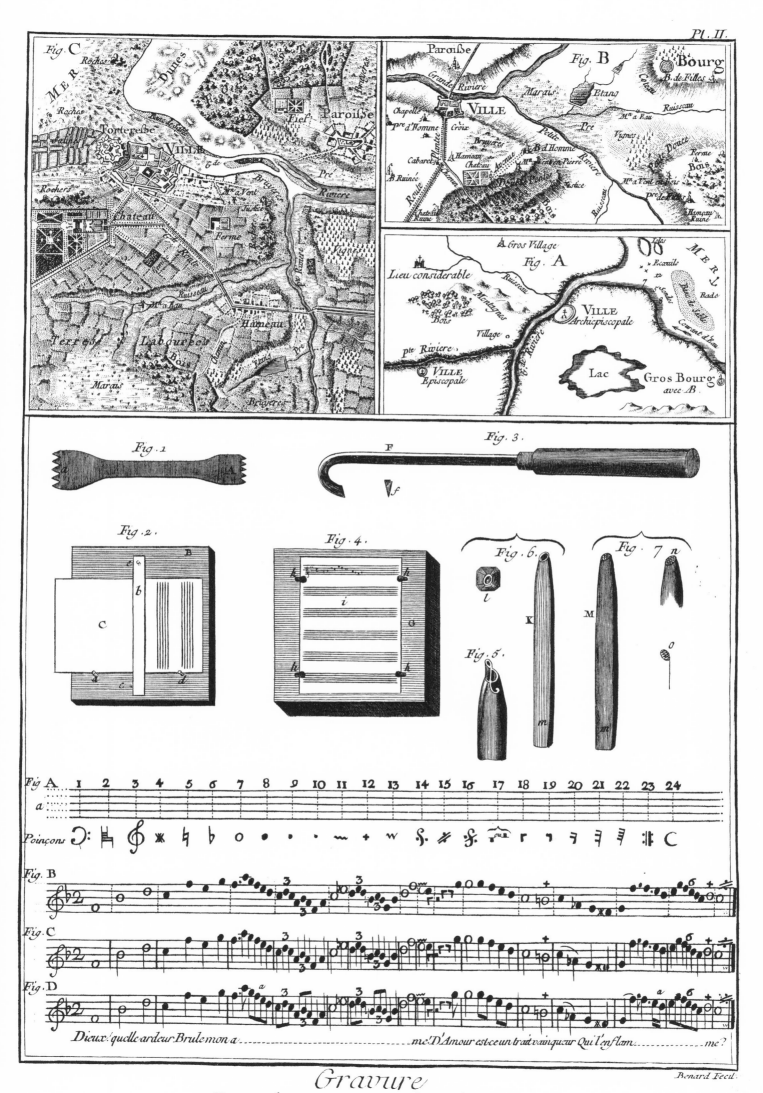

Pl. II.

Gravure
en Topographie, Semi-topographie, Géographie et Musique.

Benard Fecit.

SCULPTURE EN TOUS GENRES,

CONTENANT VINGT-QUATRE PLANCHES.

PLANCHE Iere.

Sculpture en terre & en plâtre à la main.

Vignette.

Fig. 1. Sculpteur qui modele en bas relief d'après la bosse.
2. Sculpteur qui modele une tête ronde bosse.
3. Bas relief.
4. Petits chevalets à modeler qui s'accrochent sur une table ou sur un banc.
5. Garçon d'attelier qui prépare de la terre.
6. Sculpteur qui modele en plâtre à la main.
7. Ouvrier qui gâche du plâtre.

Bas de la Planche.

Fig. 1. Selle à modeler, qui peut s'élever ou baisser moyennant une vis au milieu.
2. Autre plateau & son montant que l'on éleve avec cheville que l'on a pour cet effet.
3. La maniere dont on doit faire la vis du plateau de la figure premiere.
4. Grand chevalet qui sert à modeler les grands bas reliefs.
5. Partie d'un autre chevalet vu par derriere.
6. Le même chevalet vu de profil.
7. Planche à modeler les grands bas reliefs. Cette planche doit avoir au-moins quatre à six pouces de long sur trois piés de haut; on la peut faire plus grande, mais pas plus petite pour la grandeur du chevalet.
8. Cheville de fer qui sert à porter la planche à modeler lorsqu'elle est posée sur le chevalet.
9. Grattoir de fer; il sert à gratter les fonds.
10. Autre grattoir de buis pour le même usage.

PLANCHE II.

Outils des sculpteurs en terre.

Fig. 11. Selle à modeler à vis, sa planche prête à recevoir le fond.
12. Planche de la *fig.* 11. vue par derriere, & la maniere dont elle doit être faite pour qu'elle puisse s'élever ou se baisser quand on veut.
13. Lanterne vue de face; elle sert à mettre la chandelle pour modeler le soir.
14. Même lanterne vue de profil & la façon de la faire. Cette lanterne est portée par un morceau de bois que l'on pique dans la terre sur laquelle on modele.
15. Autre selle plus simple, qui sert aussi à modeler.
16. Chevalet à modeler qui peut s'accrocher, comme on le voit par le dessein, à une table ou à un banc.
17. Planche qui sert à poser le fond en terre pour modeler.
18. Grand compas à pointes courbes avec coulisses; il sert à mesurer les épaisseurs, & réduire à la moitié, deux tiers, trois quarts, un quart, un tiers du grand au petit & du petit au grand.
19. Plan des coulisses.
20. Coupe de la coulisse de dessous.
21. Coupe de la coulisse de dessus.
22. Vis qui sert à tourner les coulisses du côté que l'on veut.
23. Virole qui sert à fermer le compas de réduction.
24. Compas ordinaire.
25. Compas avec une pointe courbe vu de face.
26. Le même compas vu de profil.

PLANCHE III.

Outils de sculpteurs en terre & outils de sculpteurs en plâtre.

Fig. 27. Autre compas droit.
28. Compas dont les deux pointes sont courbées en-dehors.
29. Autre compas dont une des pointes est courbée en-dedans.
30. Compas dont les deux pointes sont courbées en-dedans.
31. Autre compas vu de profil, dont les deux pointes sont courbées dessus le côté.
Les compas ci-dessus & ceux de la Planche II. servent à prendre les mesures des épaisseurs, hauteurs, profondeurs, largeurs, &c. &c. &c.
32. 33. 34. 35. 36. 37. 38. 39. 40. 41. 42. 43. 44. 45. 46. 47. 48. 49. 50. 51. 52. 53. 54. 55. 56. & 57. Différens ébauchoirs de buis ou d'ivoire.

Bas de la Planche.

Fig. 1. & 2. Plan & élévation de l'herminette; elle sert à travailler le plâtre.
3. Deux différens maillets.

PLANCHE IV.

Outils des sculpteurs en plâtre.

Fig. 4. Auge; elle sert à gâcher le plâtre pour les sculpteurs.
5. Tamis de soie qui sert à passer le plâtre & le rendre plus fin.
6. Sébille qui sert à gâcher le plâtre fin.
7. Palette à stuc.
8. Niveau avec son plomb.
9. Equerre.
10. Peau de chien qui sert à unir le plâtre employé.
11. Spatule de fer vue de face.
12. Spatule vue de côté.
13. & 14. Deux autres spatules plus petites; il y en a d'autres encore que l'on n'a point dessinées, parce qu'elles sont seulement plus grandes sans avoir aucune autre forme.
15. Spatule taillante & coupante.
16. Truelle de stucateur.
17. La même truelle vue de profil.
18. 19. & 20. Autres truelles de différentes grandeurs.
21. Truelle de maçon pour gâcher le gros plâtre.
22. Grosse brosse qui sert à nettoyer l'ouvrage lorsque l'on travaille.

PLANCHE V.

Suite des outils des sculpteurs en plâtre

Depuis la *fig.* 24. jusqu'à la *fig.* 33. cette sorte d'outils se nomment *rippes à travailler le plâtre à la main.*
Depuis la *fig.* 34. jusqu'à 38. différentes sortes de rapes; elles servent à raper le plâtre.
39. 41. 42. 43. 44. 45. & 47. Différentes gouges pour travailler le plâtre.
48. Autres gouges vues de côté.
49. Mêmes gouges vues de face.
40. & 46. Fermoirs servans aussi à travailler le plâtre.

MOULEUR EN PLATRE.

PLANCHE Iere.

Attelier des mouleurs, outils & ouvrages.

Vignette.

Fig. 1. Mouleur qui fait un creux.
2. Mouleur qui serre un creux.
3. Ouvrier qui pile du plâtre.
4. Manœuvre qui saffe du plâtre.
5. Mouleur qui vernit un creux avec de l'huile chaude qui doit être apprêtée avec de la litharge.
6. Creux garrotté prêt à couler.
7. Tonneaux qui servent à mettre le plâtre.

Bas de la Planche.

Fig. 1. Mortier de fonte qui sert à piler le plâtre.
2. Coupe du mortier.
3. Pilon.
4. Godet de plâtre qui sert à mettre l'huile pour faire les creux.
5. Coupe du godet qui sert à mettre l'huile.
6. Pinces qui servent à former les annelets.
7. Couteau qui sert à couper les pieces.
8. Fermoir qui sert à dépouiller les pieces.
9. Annelets qui se mettent dans les petites pieces, & dans lesquelles l'on passe des ficelles qui sortent à-travers la chape, retiennent les pieces.
10. Bras de terre que l'on moule. 1. Piece déja faite, coupée, de dépouille pour recevoir les autres pieces & huilée sur les coupes. 2. Bassin de terre huilé au-dedans pour recevoir le plâtre que l'on met d'abord avec une brosse, & que l'on remplit ensuite en le versant lorsque la premiere couche commence à prendre. 3 3. Morceaux de terre, mottes sur lesquelles on pose les modeles que l'on moule.

PLANCHE II.

Ouvrages.

Fig. 11. Creux formé de toutes ces pieces assemblées & de sa chape.
12. Dessus du même creux. III, différentes marques qui sont creusées sur la coquille inférieure du creux, & qui sont saillantes dans la coquille supérieure du même creux.
13. Bras sorti de son creux avec les coutures. L'on se sert aussi de sébilles, d'auges & de tamis, truelles & spatules semblables à celles des *fig.* 6. 5. 22. 17. & 4. Pl. IV. des sculpteurs en plâtre.

ELEVATION DU MARBRE

PLANCHE Iere.

L'opération d'élever un bloc de marbre, & outils.

Vignette.
Fig. 1. Blocs de marbre que l'on éleve avec le billotage & les moufles.
2. Figure ou modele pour exécuter le marbre.
3. Deux hommes qui font aller un cric chacun pour aider à élever ce marbre.
4. Un homme qui place le billotage.
5. Bloc de marbre commencé à scier.

Bas de la Planche.

Fig. 1. Cric à la françoise vu de face ; il sert à aider à élever les blocs de marbre.
2. Le même cric vu par derriere.
3. Coupe du même cric sur sa largeur.
4. Autre coupe du cric sur l'épaisseur.

PLANCHE II.

Moufles, pince & rouleau pour élever le marbre.

5. Moufles vues de face, & maniere d'arranger les cordes.
6. Moufles vues de face & de côté ; ces sortes de poulies servent à monter des blocs de marbre.
7. Coupe des moufles.
8. Pince de fer ; elle sert aux ouvriers pour lever le marbre.

9. Rouleau de bois pour caler le dessous d'un bloc de marbre.

PLANCHE III.

Instrumens qui servent à monter le marbre.

10. Chevre ; elle sert à lever les marbres.
11. Coupe de la chevre.
12. Maniere dont doit être construite la poulie qui sert au cric à l'allemande.
13. Pivot à quatre dents qui sert au même cric.
14. Coupe du cric à l'allemande sur sa largeur.
15. Coupe du même cric. Ce cric est beaucoup plus doux à élever, une seule personne peut s'en servir ; c'est pourquoi l'on a jugé à propos de la joindre à cette partie.

TRAVAIL DU MARBRE.

PLANCHE Iere.

Vignette.
Fig. 1. Bloc de marbre commencé à épanneler.
2. Modele sous les équerres.
3. Equerres avec leurs divisions.
4. Sculpteur qui prend une mesure de profondeur.
5. Modeles & marbre que l'on travaille par terre.
6. Ouvrier qui aiguise un ciseau.
7. Equerres avec leurs divisions posées en terre.
8. Sculpteur qui prend une mesure.

Bas de la Planche.

Fig. 1. Pointe de fer qui sert à dégrossir.
2. Ciseau coudé vu de côté, dont on se sert après s'être servi des gradines.
3. Ciseau coudé vu par derriere.
4. Gradines à trois dents, dont on se sert après s'être servi des pointes.
5. Autre gradine à six dents, servant à la même opération.
6. Autre ciseau droit, servant après les gradines.
7. Ciseau coudé & plat du bout, vu de côté, servant après les gradines.
8. Ciseau coudé vu de face, servant après les gradines.
9. Rondelle.
10. Rape de fer vue de face.
11. Rape de fer vue de côté.
12. Rape d'Allemagne.
13. Autre rape d'Allemagne.
14. Hognette.
15. Boucharde ronde des deux bouts en taille de diamans.
16. Boucharde arrondie de la tête & quarrée de l'autre bout aussi en taille de diamans.

PLANCHE II.

Plan, coupes & élévation perspective de la selle pour poser les blocs de marbre.

Fig. 17. Plateau vu par-dessous, & la façon dont il doit être fait.
18. Selle qui sert à poser les blocs de marbre pour les travailler.
19. Coupe de la selle avec ses emmanchemens.
20. Plan du haut de la selle avec le trou où doit être la boucle qui sert à tourner le plateau du côté que l'on veut.
21. Coupe de la piece où se trouve la boucle qui sert à tourner le plateau ; il faut absolument que cette boucle soit de buis.

PLANCHE III.

Equerre, meule, outils, &c.

Fig. 22. Meule qui sert à aiguiser les outils.
23. Coupe de la même meule.

24. Equerre avec toutes les marques néceffaires pour pofer les plombs. Cette équerre peut être fcellée dans le mur par le moyen d'une barre que l'on met pour cet effet au milieu ; elle fert à pofer les points fur les figures ou modele de ronde baffe pour enfuite faire la même opération fur les blocs que l'on veut employer.

25. Autre équerre qui fe peut fceller dans le mur des deux côtés ; elle fert pour les bas reliefs.

26. Plombs & ficelles.

PLANCHE IV.

Différens outils pour travailler le marbre , & machines pour tranfporter les figures fculptées.

Fig. 27. Maffe de fer avec fon manche.

28. Autre maffe tout en fer.

29. Marteline en taille de diamant.

30. Drille ; elle fert à percer moyennant un trépan que l'on met au bout.

31. Autre drille qui tourne moyennant un arrêt.

32. Trépan d'acier trempé.

33. Archet qui fert à faire tourner la drille à main.

34. Mefure de bois avec une pointe de fer à l'un des bouts. Cette mefure fert à pofer les points fur ce que l'on veut faire.

35. Plan du traîneau au bout duquel il y a une poulie par où l'on paffe la corde.

36. Traîneau fur lequel on pofe la figure pour la tranf-porter de l'attelier où elle a été faite , à la place où elle doit être pofée.

37. Morceau de bois au bout duquel l'on met une pointe de fer pour piquer en terre , fur lequel eft une poulie pour y paffer la corde pour que les chevaux puiffent tirer plus facilement.

PLANCHE V.

L'opération de traîner le marbre , & machine pour pofer les figures.

Vignette.

Fig. 1. Traîneau avec une poulie , fur lequel eft la figure de marbre.

2. Lit de fagots pour empêcher les fecouffes.

3. Bâti de charpente dans lequel eft la figure.

4. Poulie de renvoi.

5. Pieu où s'attache la corde.

6. Chevaux attelés deux à deux pour tirer le traîneau.

7. Ouvrier qui jette de l'eau par terre à caufe des frottemens de la corde.

8. Ouvriers qui facilitent le traîneau avec des pieces.

Bas de la Planche.

Fig. 38. Machine avec laquelle on monte la figure à fa place.

39. Même machine vue de côté.

40. Compas partagé d'un demi-cercle.

41. Coupe de la machine prife fur fa largeur.

SCULPTURE EN OR ET EN ARGENT.

PLANCHE Iere.

Travail de l'or & de l'argent. Plan & coupe du fourneau pour fondre le métal.

Vignette.

Fig. 1. Homme qui fond de l'argent.

2. Creufet pour fondre l'argent.

3. & 3. Sculpteurs qui travaillent l'or & l'argent.

4. Enclume.

5. Différens morceaux de fculpture terminés.

Bas de la Planche.

Fig. 1. Plan du fourneau pour fondre l'argent.

2. Coupe du fourneau & la maniere dont il doit être conftruit.

3. Couvercle de fer qui fert à couvrir le fourneau lorf-que l'on fond la matiere.

PLANCHE II.

Outils.

Fig. 4. Happe ; cet outil fert à retirer le creufet du four-neau.

4. Happe vue de profil.

6. Lingottiere.

7. Creufet à trois cornes.

8. Creufet rond.

9. Compas d'épaiffeur.

10. Ecumoire , fervant à ôter ou nettoyer la matiere.

11. Coupe-rivure.

12. Cifeaux de face & de côté.

13. Maillet de buis.

14. Marteau.

15. Cifaille pour couper les jets.

16. 17 & 18. Différentes fortes & façons de limes.

PLANCHE III.

Outils.

Fig. 19. Enclume.

20. Grand couffin de cuir rempli de fable ; on pofe l'ouvrage deffus pour qu'il ne fe gâte point.

21. Petit couffin pour le même ouvrage.

22. Marteau à finir.

23. Lime demi-ronde bâtarde douce ; elle fert à finir.

24. Cifeau ou gouge plate.

25. Cifelet mat pointillé.

26. Gouge ronde étroite.

27. & 32. Burins vus de face & de côté.

28. Cifeau.

29. Autre maniere de cifeau.

30. Gouge demi-ronde.

31. Cifelet rond.

33. 34. 35. & 36. Différentes fortes de burins.

37. Gratte-boffe.

38. Patte-de-lievre.

39. Méplatte.

40. Echoppe ronde.

41. Echoppe ronde étroite.

42. Echoppe quarrée.

42. Ouglitte.

44. Burin droit.

45. Autre burin.

PLANCHE IV.

Outils.

Fig. 46. Cifelet mal pointillé.

47. Autre cifelet mat au marteau.

48. Cifelet clair.

49. Cifelet rond.

50. Cifelet mat au grès.

51. Traçoir demi-rond.

52. Boutrolle.

53. Traçoir droit.

54. Boutrolle plus en pointe.

55. Réveilloir.

56. Cifelet clair ou bouge.

57. Plamoir.

58. Traçoir biais.

59. 60. 61. & 62. Différentes fortes de riflard.

63. Bruniffoir.

64. Grattoir.

65. Grattoir & bruniffoir.

66. Pierre à aiguifer les outils.

67. Burette à l'huile.

SCULPTURE EN BOIS.

PLANCHE.

Ouvrages & outils.

Vignette.

Fig. 1. Sculpteur qui travaille le bois.

2. Compagnon qui fcie une planche.

3. Ouvrier qui travaille avec le rabot.

4. Morceaux de fculpture.

Bas de la Planche.

Fig. 1. Un établi.
2. Valet ; il sert à retenir l'ouvrage sur l'établi.
3. Scie.
4. Maillet.
5. Gouge ou fermoir. Les autres outils sont les mêmes que ceux des sculpteurs en plâtre, comme fermoirs, gouges, ciseaux, &c. &c. &c.

SCULPTURE EN PLOMB.

PLANCHE Iere.

Différentes préparations pour le travail du plomb & outils.

Vignette.
Fig. 1. Cuve où se fond le plomb.
2. Ouvrier qui verse le plomb dans les jets.
3. Creux scellé par terre avec du plâtre.
4. Ouvrier qui bouche les jets à mesure qu'ils se remplissent avec de la terre.
5. Morceaux de terre apprêtés de la forme des jets.
6. Saumons de plomb.
7. Ouvrier qui ôte le noyau du plomb pour dégager l'armature.
8. Sculpteur qui sépare le plomb.
9. Jets où l'on coule le plomb.

Bas de la Planche.

Fig. 1. Fer à souder.
2. Grattoir demi-rond.
3. Autre grattoir.
4. Grattoir rond.
5. Coutelle.
6. Grattoir quarré.

7. Rape.
8. Autre rape.
9. 10. & 11. Trois autres rapes nécessaires.
12. Gratte-bosse.
13. Bourasseau pour mettre le borax.
14. Pierre de ponce.

PLANCHE II.

Plan & coupe de fourneau qui contient la cuve pour fondre le plomb, & outils.

Fig. 15. Plan du fourneau où se met la cuve à fondre le plomb.
16. Coupe du même fourneau.
17. & 17. Ciselets.
18. Burin.
19. Cuve pour fondre le plomb.
20. Cuillere pour verser le plomb.

PLANCHE III.

Outils.

Fig. 21. Marteaux de différentes formes.
22. Masse.
23. Martelines de grains de formes différentes.
24. Grattoir
25. &c. Ciselets de différentes formes.

PLANCHE IV.

Suite des outils.

Fig. 26. Autres ciselets.
27. Gouges de différentes formes.
28. Grattoir.

Pl. I.

Sculpture en Terre et en Plâtre a la Main, Outils.

Bourgeois Del.

Benard Fecit.

A

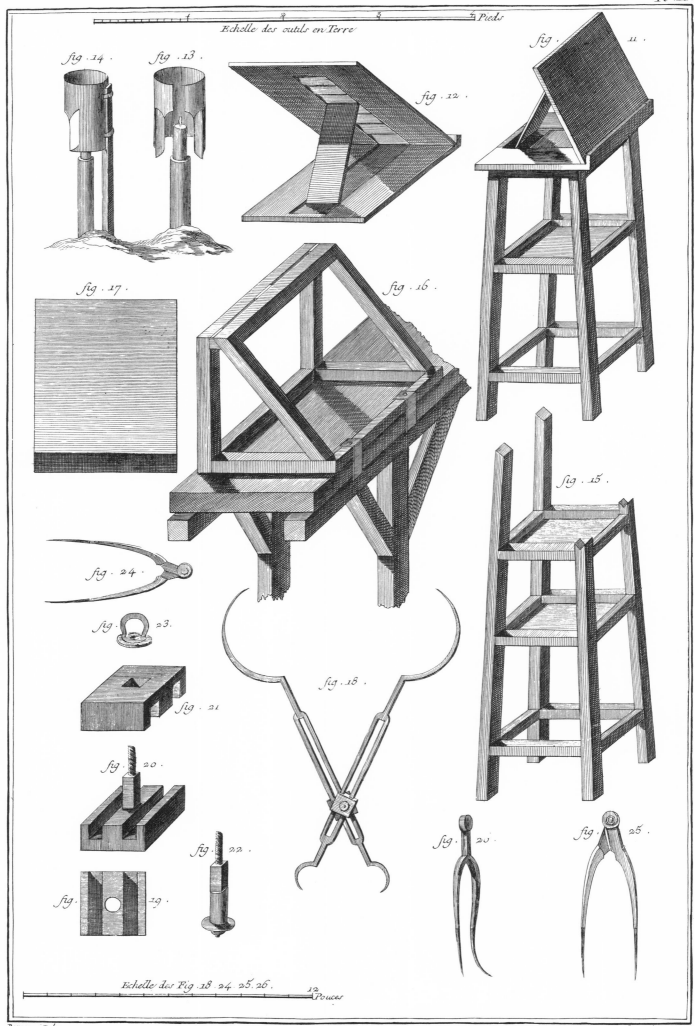

Pl. II.

Echelle des outils en Terre

fig. 14.   fig. 13.   fig. 12.   fig. 11.

fig. 17.   fig. 16.   fig. 15.

fig. 24.

fig. 23.

fig. 21.

fig. 20.   fig. 18.

fig. 22.   fig. 26.   fig. 25.

fig. 19.

Echelle des Fig. 18. 24. 25. 26.

Bourgeois del.   Benard Fecit

Sculpture, Outils des Sculpteurs en Terre.

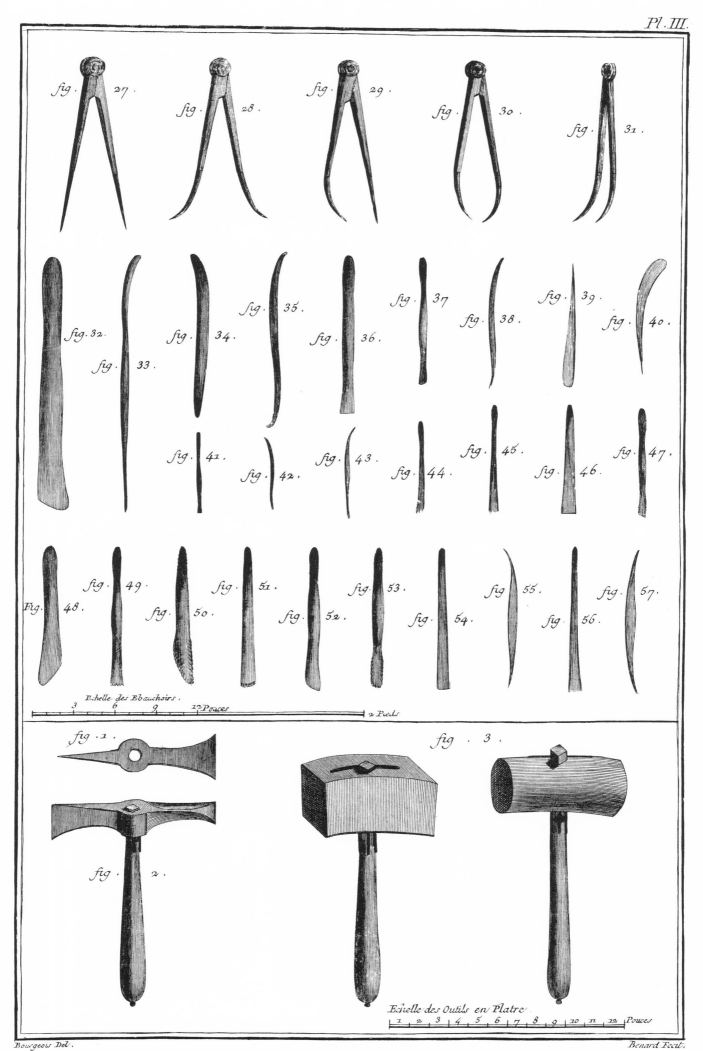

Pl. III.

fig. 27. fig. 28. fig. 29. fig. 30. fig. 31.

fig. 32. fig. 33. fig. 34. fig. 35. fig. 36. fig. 37. fig. 38. fig. 39. fig. 40.

fig. 41. fig. 42. fig. 43. fig. 44. fig. 45. fig. 46. fig. 47.

Fig. 48. fig. 49. fig. 50. fig. 51. fig. 52. fig. 53. fig. 54. fig. 55. fig. 56. fig. 57.

Echelle des Ebauchoirs.
3   6   9   12 Pouces   2 Pieds

fig. 1. fig. 3.

fig. 2.

Echelle des Outils en Platre.
1 2 3 4 5 6 7 8 9 10 11 12 Pouces

Bourgeois Del.   Benard Fecit.
C

Sculpture, Outils des Sculpteurs en Terre, et Outils des Sculpteurs en Plâtre.

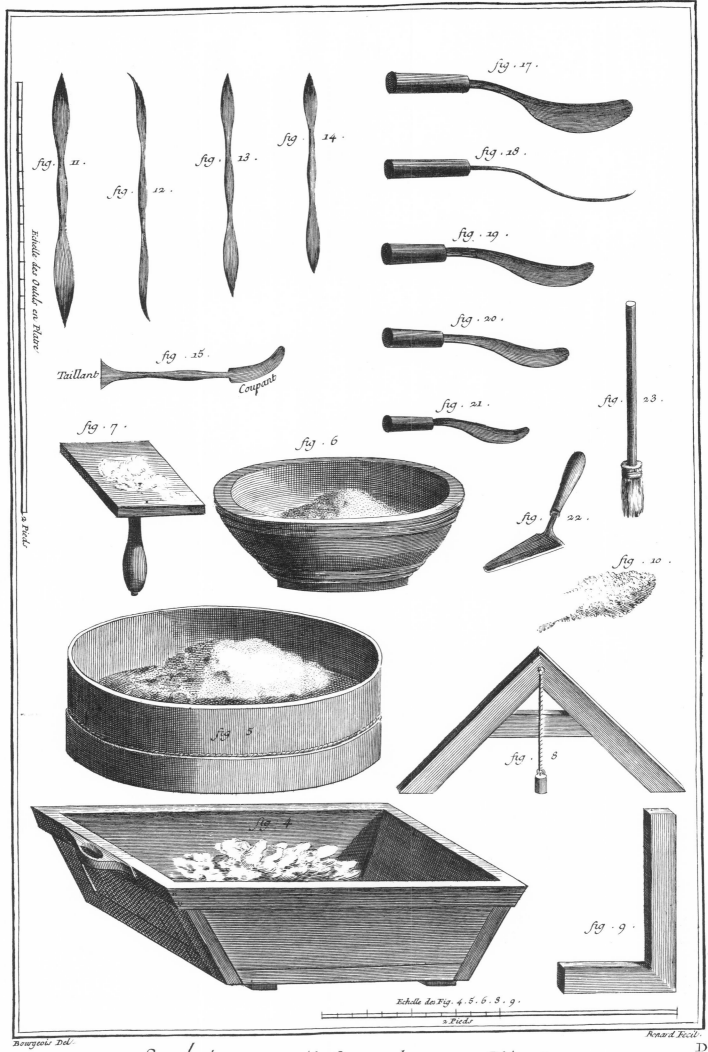

fig . 17 .

fig . 18 .

fig . 19 .

fig . 11 .

fig . 12 .

fig . 13 .

fig . 14 .

Echelle des Outils en Plâtre .

2 Pieds .

fig . 20 .

fig . 21 .

fig . 15 .

Taillant

Coupant

fig . 23 .

fig . 7 .

fig . 6 .

fig . 22 .

fig . 10 .

fig . 5 .

fig . 8 .

fig . 4 .

fig . 9 .

Echelle des Fig. 4 . 5 . 6 . 8 . 9 .

2 Pieds .

Bourgeois Del .

Benard Fecit .

Sculpture, Outils des Sculpteurs en Plâtre

D

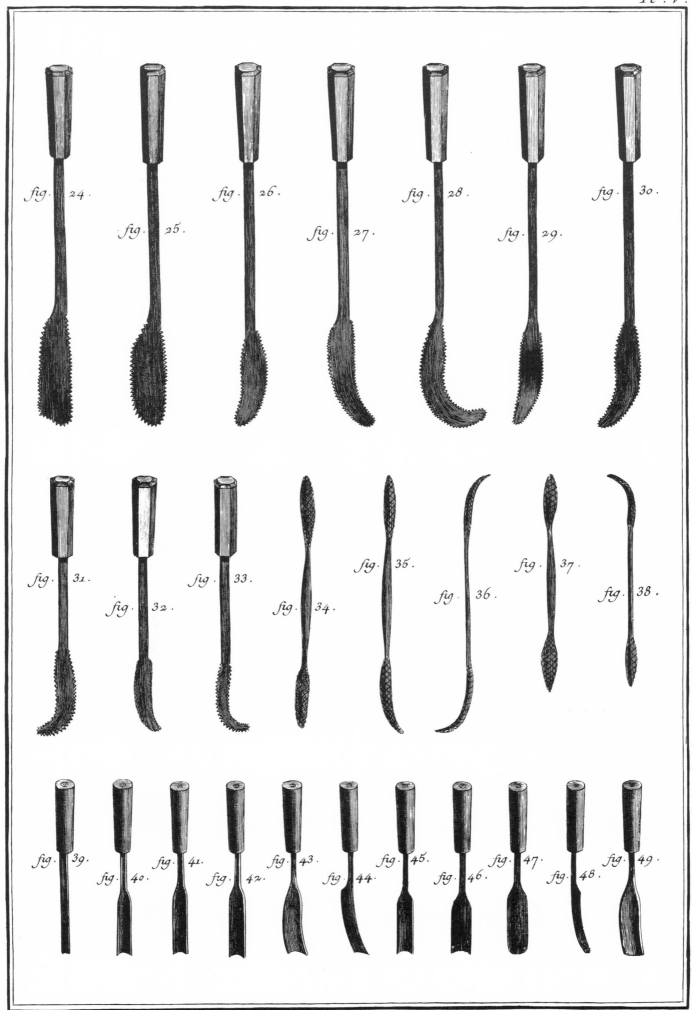

Pl. V.

fig. 24. fig. 25. fig. 26. fig. 27. fig. 28. fig. 29. fig. 30.

fig. 31. fig. 32. fig. 33. fig. 34. fig. 35. fig. 36. fig. 37. fig. 38.

fig. 39. fig. 40. fig. 41. fig. 42. fig. 43. fig. 44. fig. 45. fig. 46. fig. 47. fig. 48. fig. 49.

Bourgeois Del.

Benard Fecit.

E

Sculpture, Suite des Outils des Sculpteurs en Plâtre.

fig . 7   fig . 2   fig . 1   fig . 3

fig . 4

fig . 6

fig . 5

P. Falconet Fil. Inv.

fig . 1 .   fig . 2 .   fig . 3 .

fig . 8 .   fig . 7 .   fig . 5 .   fig . 9 .

fig . 4 .   fig . 6 .

fig . 10 .

Echelle des Fig. 1, 2, 3 et 10.

1   2   3   4 Pieds

Bourgeois Del .   Benard Fecit .

Sculpture,
Attelier des Mouleurs en Plâtre, Outils et Ouvrages.

F

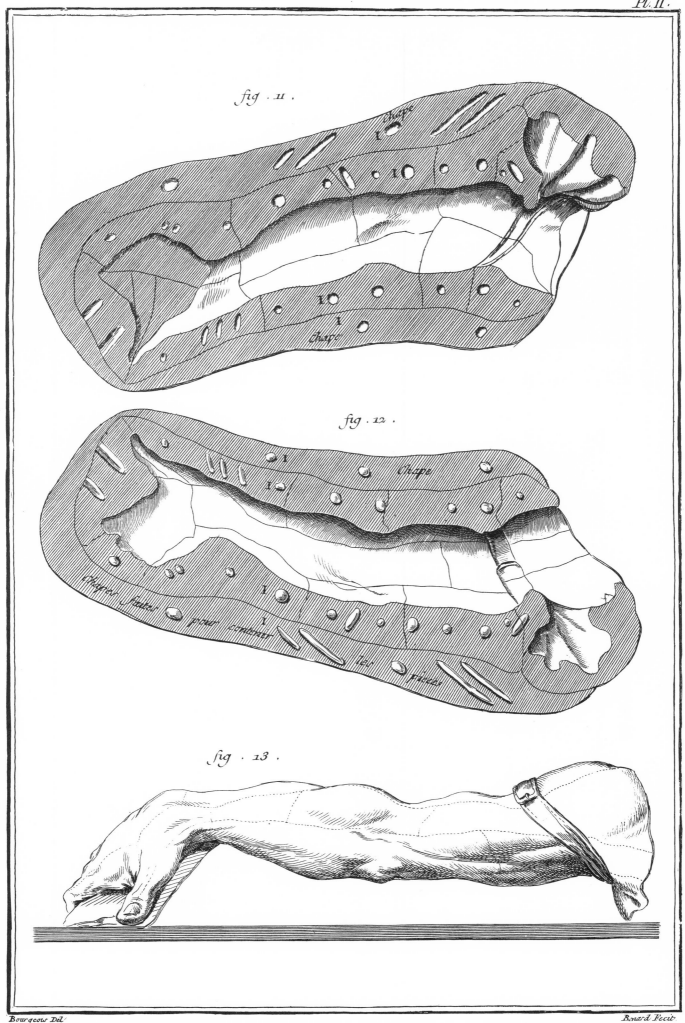

Pl. II.

fig . 11 .

fig . 12 .

fig . 13 .

Bourgeois Del.

Benard Fecit.

Sculpture, Mouleurs en Plâtre, Moules et Ouvrages.

G

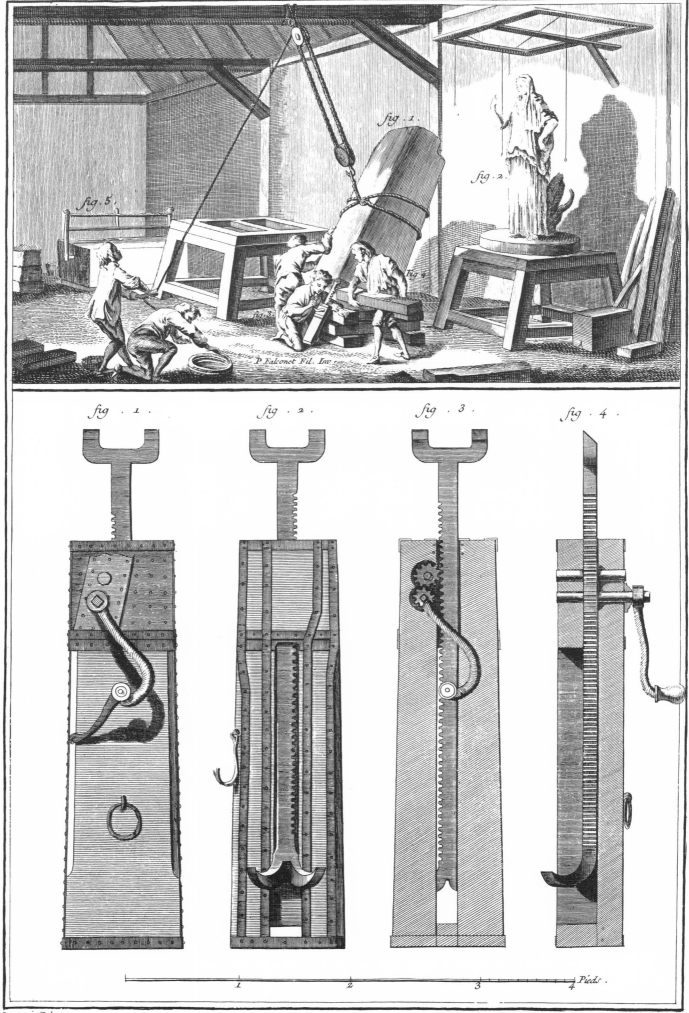

Pl. I

fig. 1

fig. 2

fig. 5

fig. 3

fig. 4

P. Falconet Fil. Inv.

fig. 1.   fig. 2.   fig. 3.   fig. 4.

1   2   3   4   Pieds.

Bourgeois Del.

Benard Fecit.

Sculpture,
l'Opération d'élever un bloc de Marbre et Outils.

H

Pl. II.

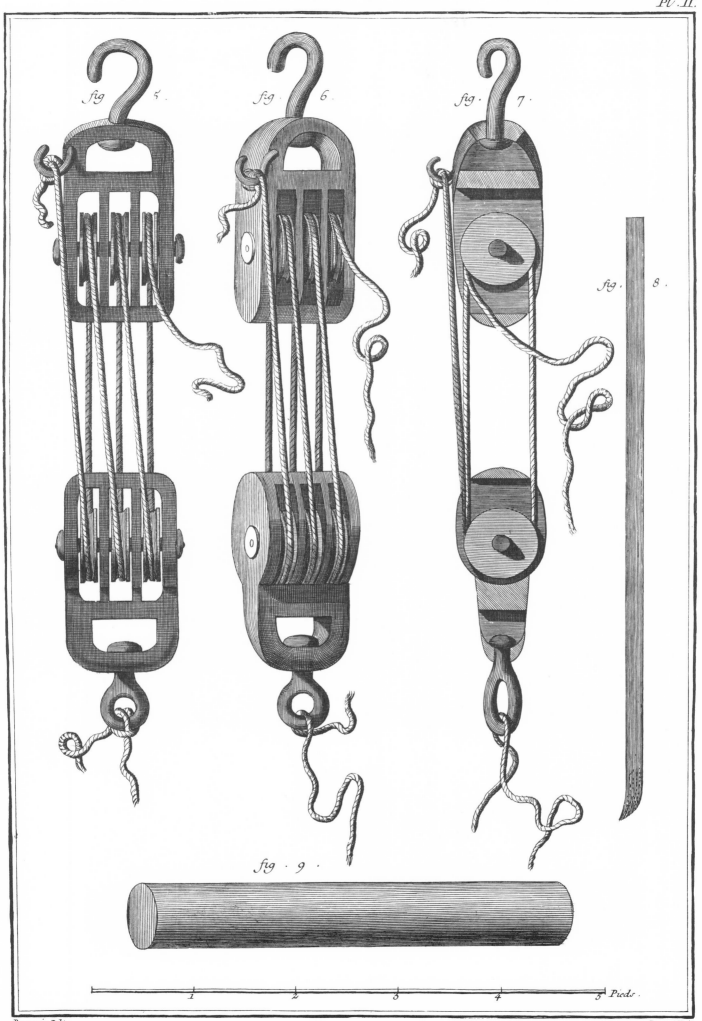

fig. 5.

fig. 6.

fig. 7.

fig. 8.

fig. 9.

Bourgeois Del.

Benard Fecit.

1   2   3   4   5 Pieds.

Sculpture, Mouffles, Pince et Rouleau pour élever le Marbre.

I

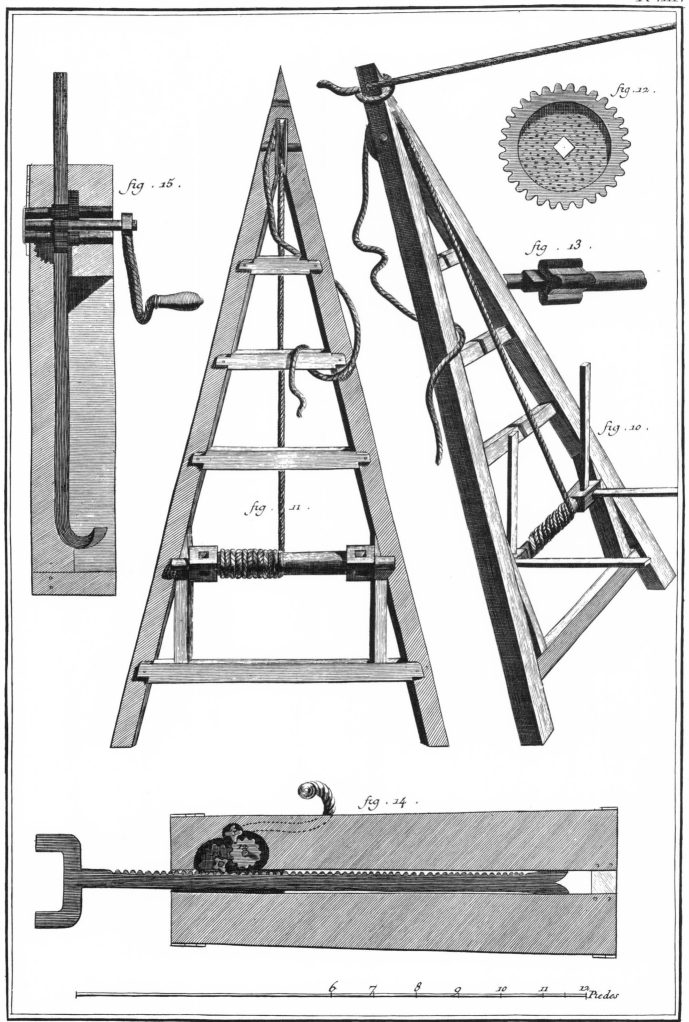

fig . 15 .

fig . 12 .

fig . 13 .

fig . 11 .

fig . 10 .

fig . 14 .

6   7   8   9   10   11   12   Piedes

Bourgeois Del .

Benard Fecit .

Sculpture , Instruments qui servent à monter le Marbre .

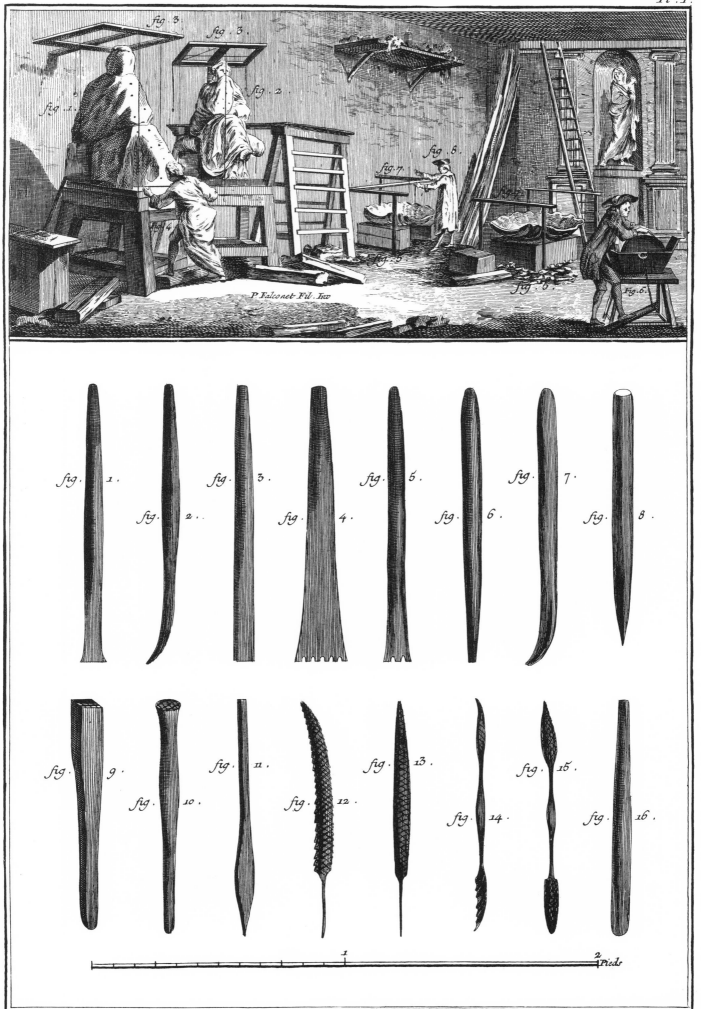

P. Falconet Fil. Inv.

fig. 1. fig. 2. fig. 3. fig. 4. fig. 5. fig. 6. fig. 7. fig. 8.

fig. 9. fig. 10. fig. 11. fig. 12. fig. 13. fig. 14. fig. 15. fig. 16.

1   2 Pieds

Bourgeois Del.   Benard Fecit.

Sculpture,
Differentes Opérations pour le travail du Marbre et Outils.

L

fig . 17 .

fig . 21 .

fig . 18 .

fig . 20 .

fig . 19 .

1   2   3   4   5 *Pieds .*

Bourgeois Del .   *Benard Fecit .*

Sculpture,
Plan, Coupe et Elévation Perspective de la Selle pour poser le bloc de Marbre .

M

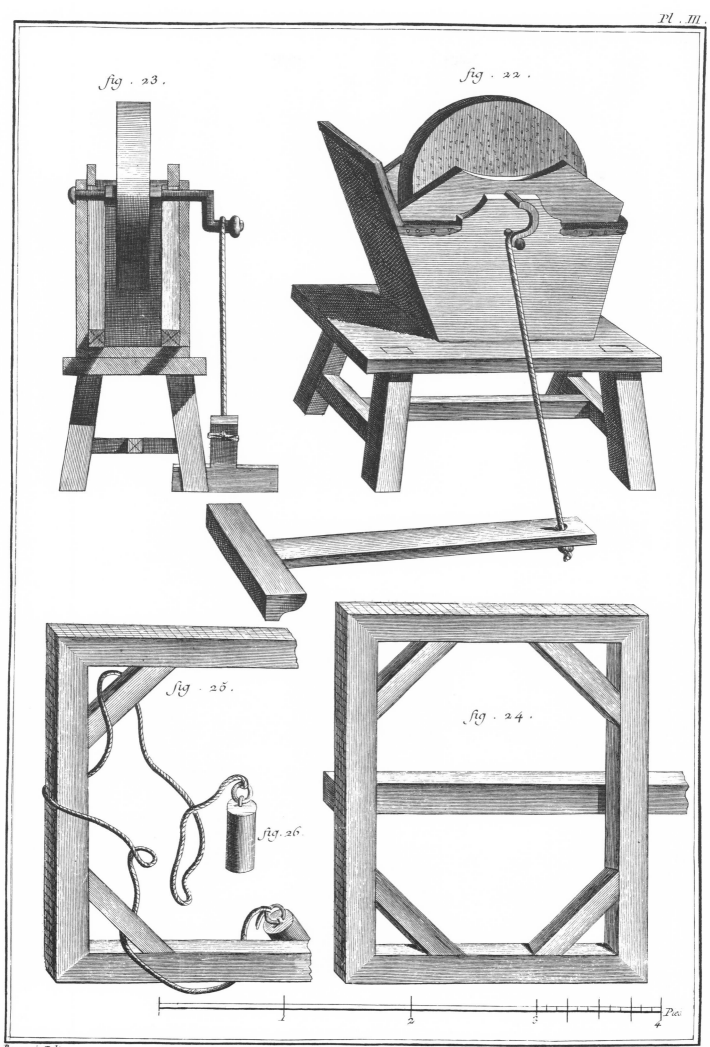

fig . 23 .

fig . 22 .

fig . 25 .

fig . 24 .

fig. 26 .

Sculpture, Equerre , Meules , Outils &c.

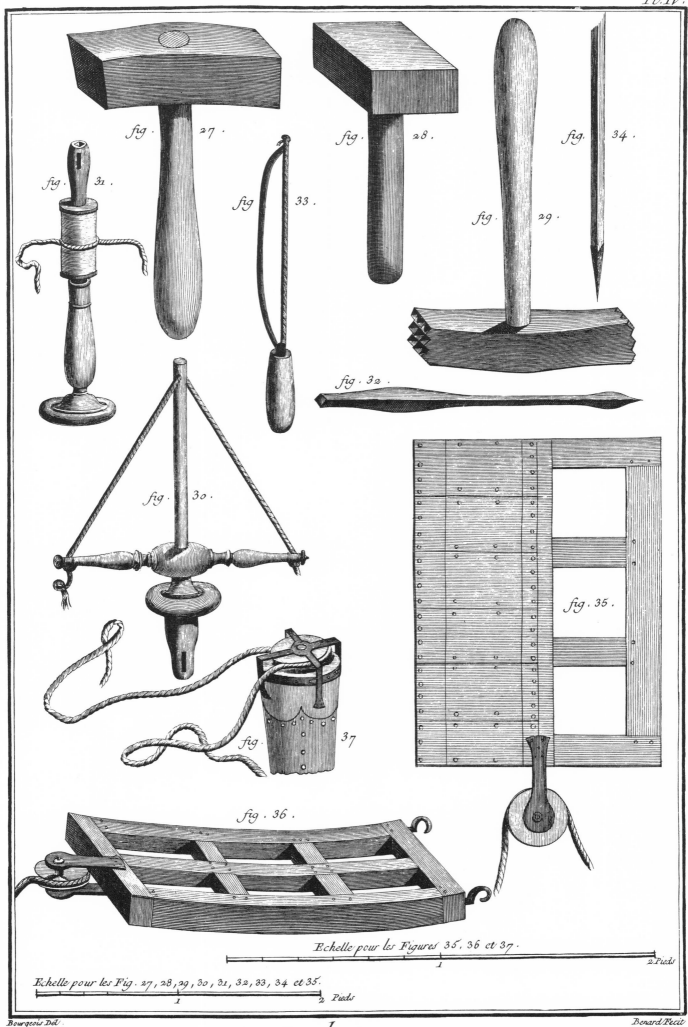

fig. 27.

fig. 31.

fig. 33.

fig. 28.

fig. 34.

fig. 29.

fig. 32.

fig. 30.

fig. 35.

fig. 37.

fig. 36.

Echelle pour les Figures 35, 36 et 37.

1   2 Pieds

Echelle pour les Fig. 27, 28, 29, 30, 31, 32, 33, 34 et 35.

1   2 Pieds

Bourgeois Del.

Benard Fecit.

O

Sculpture,

Differens Outils pour travailler le Marbre et Machine pour transporter les Figures Sculptées

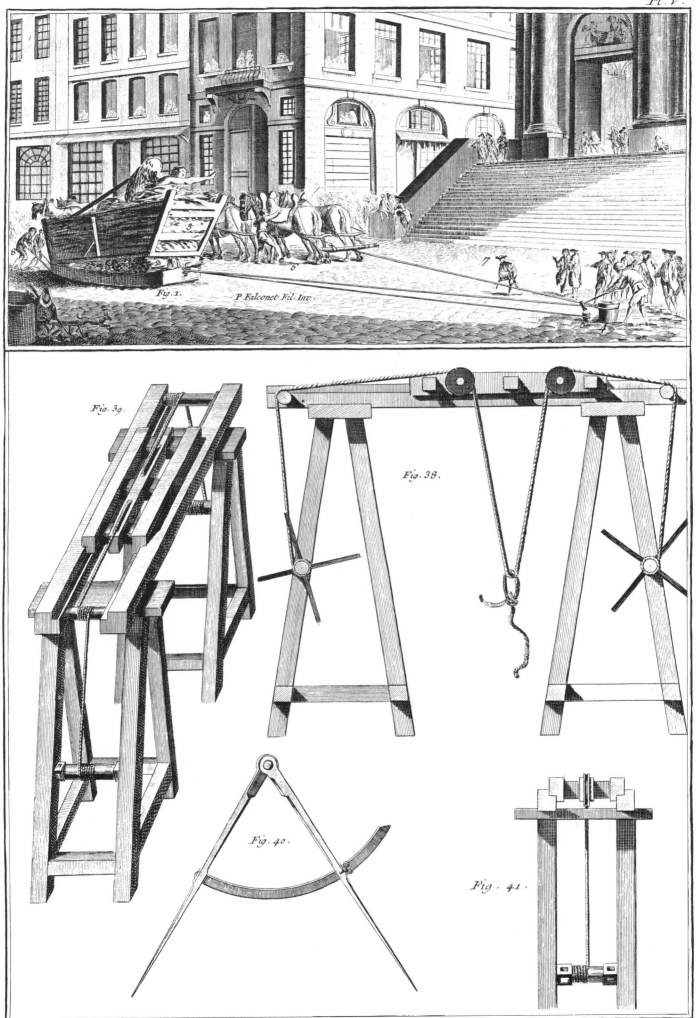

Pl. V.

Fig. 1.

P. Falconet Fil. Inv.

Fig. 39.

Fig. 38.

Fig. 40.

Fig. 41.

Bourgeois del.

Benard Fecit.

Sculpture.

l'Opération de trainer le marbre et Machine pour poser les Figures à leurs places.

P

Pl. I.

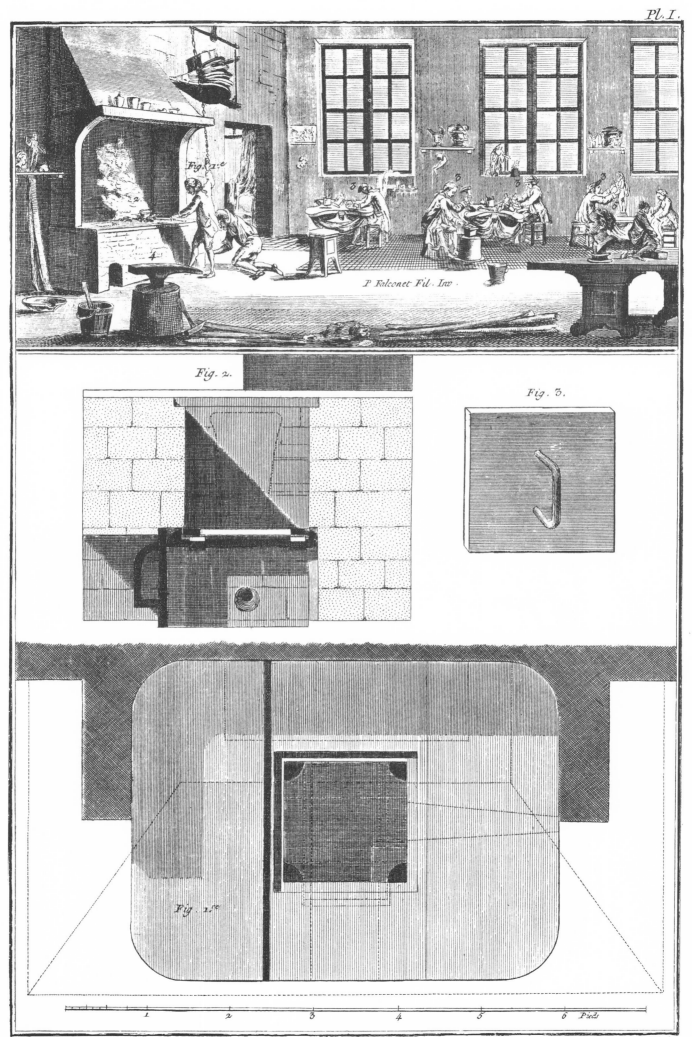

Fig. 1.re

Fig. 2.

Fig. 3.

2

4

P. Falconet Fil. Inv.

Fig. 2.

Fig. 3.

Fig. 1.re

1   2   3   4   5   6   Pieds

Bourgeois del.   Benard Fecit.

Sculpture en Or et en Argent

Travail de l'Or et de l'Argent. Plan et Coupe du Fourneau pour fondre le Métal.

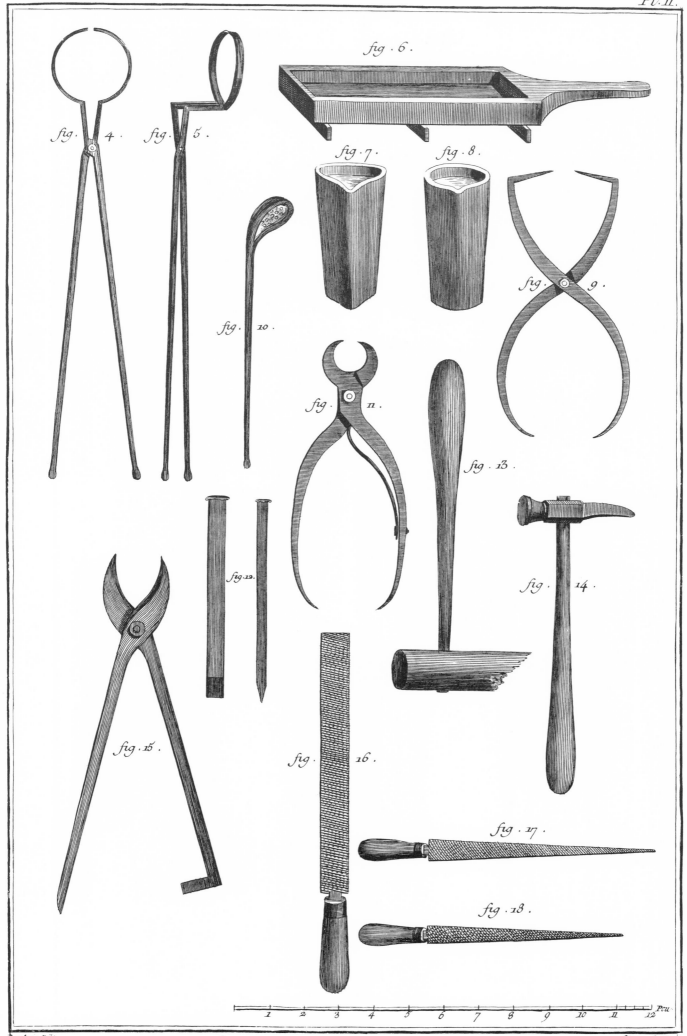

fig. 4. fig. 5. fig. 6. fig. 7. fig. 8. fig. 9. fig. 10. fig. 11. fig. 13. fig. 14. fig. 12. fig. 15. fig. 16. fig. 17. fig. 18.

1 2 3 4 5 6 7 8 9 10 11 12 Pru

Sculpture en Or et en Argent, Outils.

Bourgeois Del.

Benard Fecit.

R

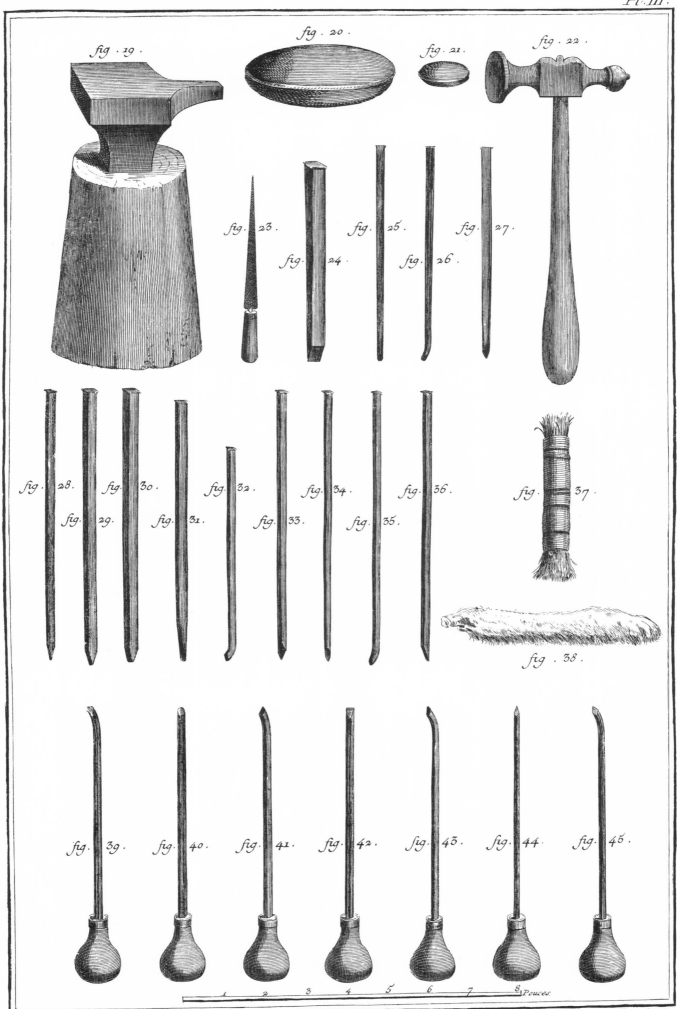

Pl. III.

fig. 19.   fig. 20.   fig. 21.   fig. 22.

fig. 23.   fig. 24.   fig. 25.   fig. 26.   fig. 27.

fig. 28.   fig. 29.   fig. 30.   fig. 31.   fig. 32.   fig. 33.   fig. 34.   fig. 35.   fig. 36.   fig. 37.

fig. 38.

fig. 39.   fig. 40.   fig. 41.   fig. 42.   fig. 43.   fig. 44.   fig. 45.

1   2   3   4   5   6   7   8 Pouces

Bourgeois Del.

Benard Fecit.

Sculpture en Or et en Argent, Outils.

S

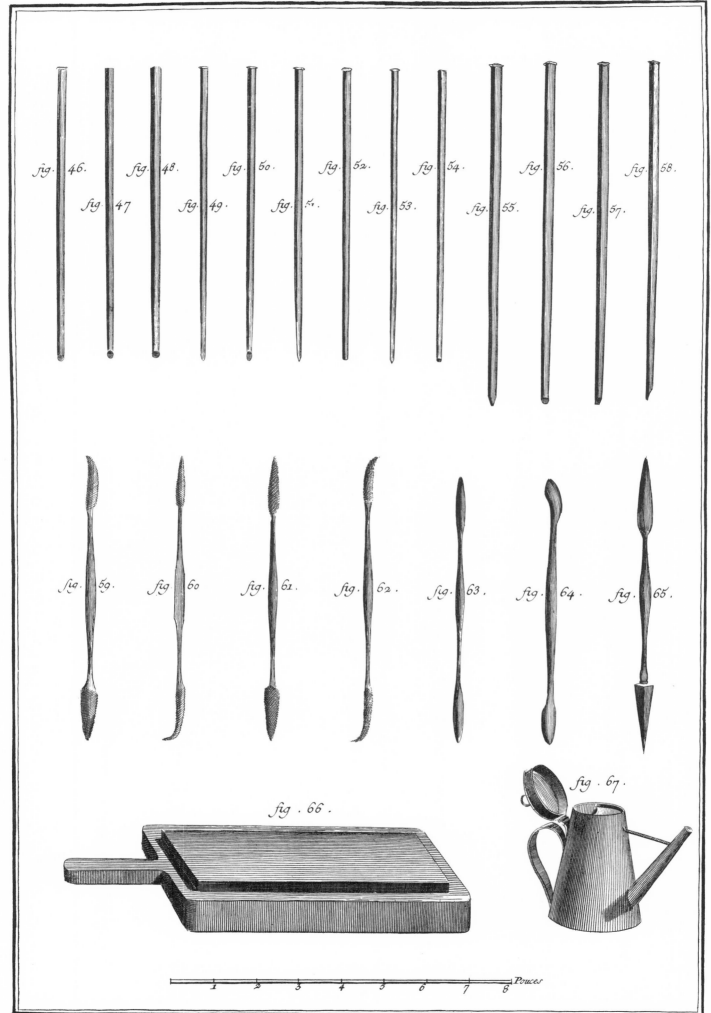

fig. 46. fig. 48. fig. 50. fig. 52. fig. 54. fig. 56. fig. 58.

fig. 47. fig. 49. fig. 51. fig. 53. fig. 55. fig. 57.

fig. 59. fig. 60. fig. 61. fig. 62. fig. 63. fig. 64. fig. 65.

fig. 67.

fig. 66.

Pouces

1 2 3 4 5 6 7 8

Bourgeois Del.

Benard Fecit

Sculpture en Or et en Argent, Suite des Outils.

T

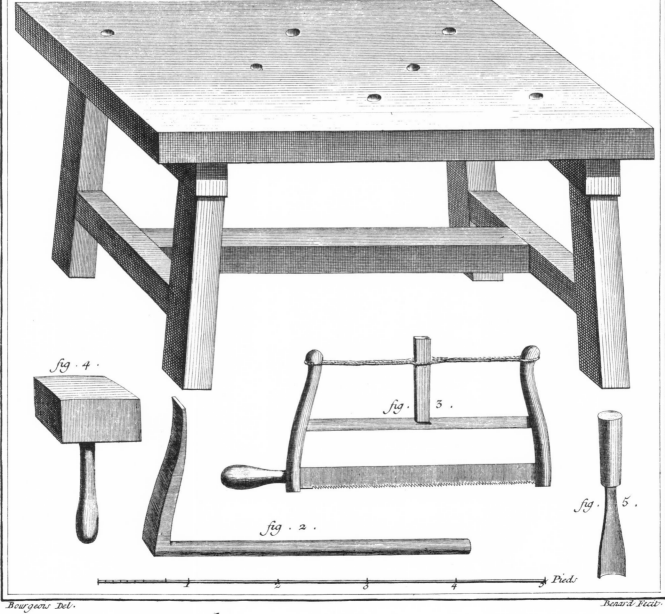

fig . 1 .

fig . 4 .

fig . 3 .

fig . 2 .

fig . 5 .

P. Falconet Fil. Inv.

Bourgeois Del.

Benard Fecit.

Sculpture en Bois, Ouvrages et Outils.

V

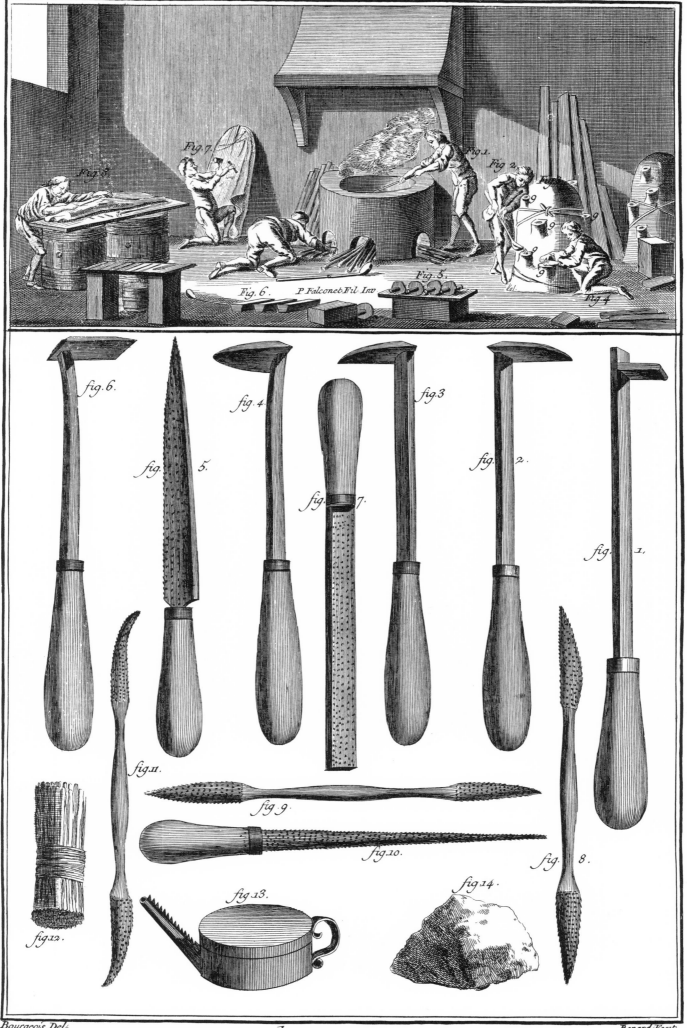

Pl. I.

Fig. 8.
Fig. 7.
Fig. 1.
Fig. 2.
9
9
9
9
9
Fig. 6.
P. Falconet Fil. Inv
Fig. 5.
Fig. 4.

fig. 6.
fig. 5.
fig. 4.
fig. 3.
fig. 7.
fig. 2.
fig. 1.
fig. 11.
fig. 9.
fig. 10.
fig. 8.
fig. 12.
fig. 13.
fig. 14.

Bourgeois Del.

Benard Fecit.

X

Sculpture en Plomb,
Differentes préparations pour le travail du Plomb et Outils.

Pl. II.

fig. 15.

fig. 17.

fig. 16.

fig. 17.

fig. 17.

fig. 18.

fig. 20.

fig. 19.

1 2 3 4 5 6 7 Pieds

Bourgeois Del.

Benard Fecit.

Sculpture en Plomb,
Plan et Coupe du Fourneau qui contient la Cuve pour fondre le Plomb, et Outils.

Y

Pl. III.

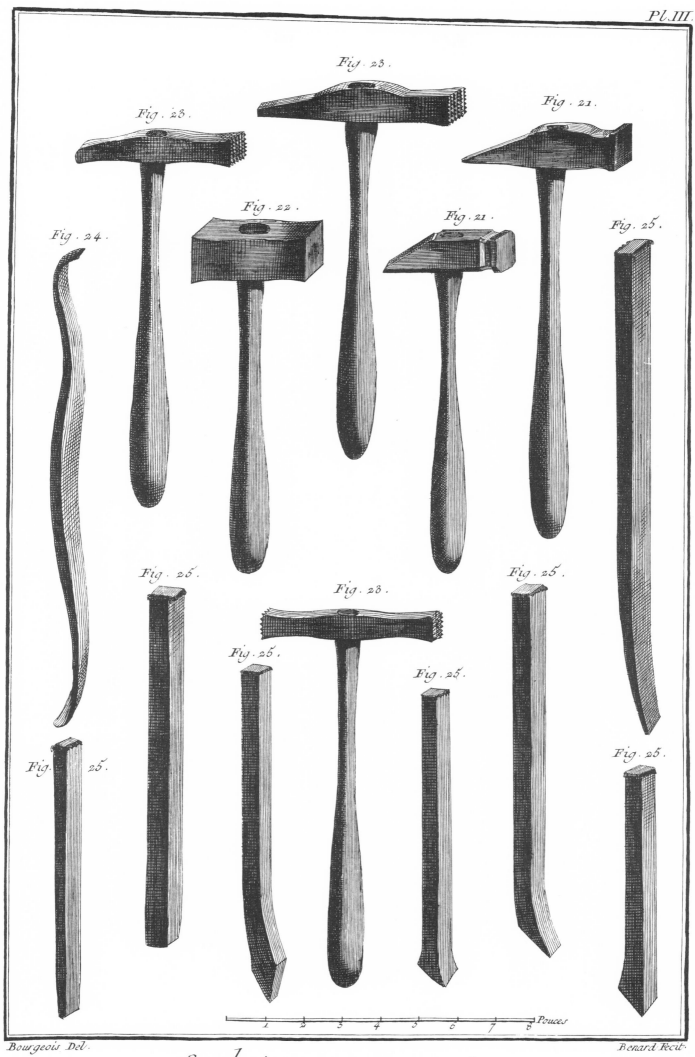

Fig. 23.

Fig. 23.

Fig. 21.

Fig. 24.

Fig. 22.

Fig. 21.

Fig. 25.

Fig. 25.

Fig. 23.

Fig. 25.

Fig. 25.

Fig. 25.

Fig. 25.

Fig. 25.

Fig. 25.

Pouces

Bourgeois Del.

Benard Fecit.

Sculpture en Plomb, Outils.

Z

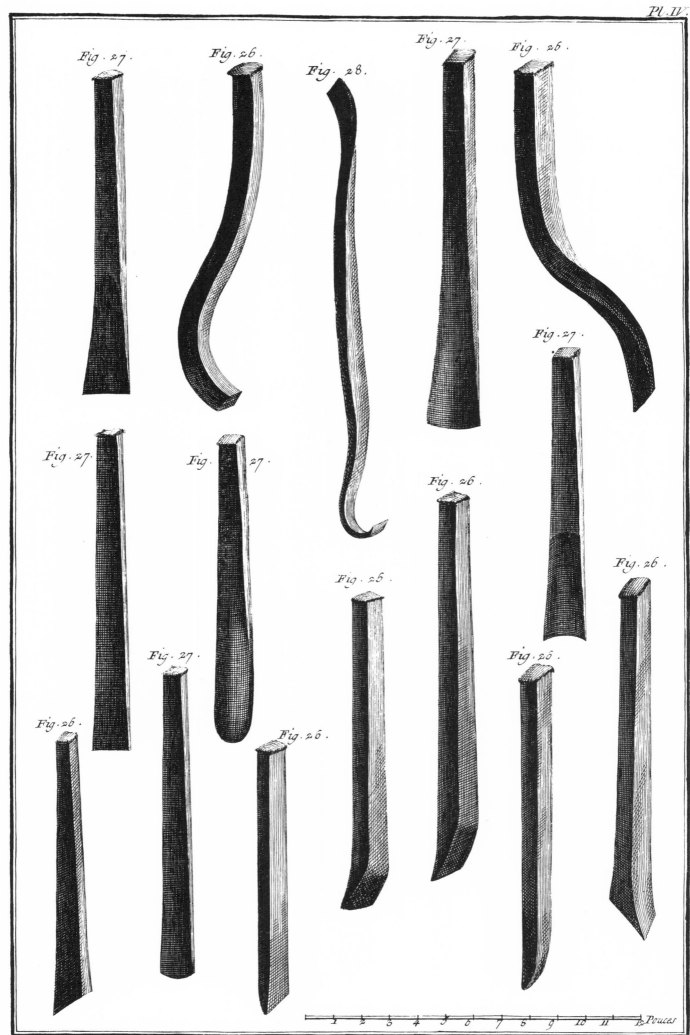

Pl. IV.

Fig. 27. Fig. 26. Fig. 28. Fig. 27. Fig. 26.

Fig. 27.

Fig. 27. Fig. 27. Fig. 26. Fig. 26.

Fig. 27. Fig. 25. Fig. 26.

Fig. 26. Fig. 26.

1 2 3 4 5 6 7 8 9 10 11 12 Pouces.

Bourgeois Del. Benard Fecit.

Sculpture en Plomb, suite des Outils.
&

SCULPTURE FONTE DES STATUES EQUESTRES,

Contenant six Planches équivalentes à douze à cause de quatre doubles & d'une triple.

PLANCHE Iere.

ELLE repréſente l'attelier de la fonderie dans le tems que l'on fond le métal dans le fourneau , & que l'on coule la figure en bronze.

1. Fourneau.
2. Portes par leſquelles on remue le métal dans le fourneau.
3. Cheminées par leſquelles la fumée ſort du fourneau.
4. Baſcules par leſquelles on leve & ferme les portes du fourneau.
5. Trou du tampon par lequel ſort le métal pour couler dans l'écheno.
6. Perrier avec lequel on pouſſe le tampon dans le fourneau pour en faire ſortir le métal , afin qu'il coule dans l'écheno. Ce perrier eſt ſuſpendu par une chaîne de fer.
7. Trois quenouillettes qui bouchent dans l'écheno l'entrée du métal, au haut des trois jets par leſquels le métal ſe répand dans tous les jets de la figure équeſtre.
8. Baſcule pour lever en même tems les trois quenouillettes , afin que le métal entre dans les trois principaux jets.
9. Echeno en maniere de baſſin , dans lequel coule le métal au ſortir du fourneau pour entrer dans les trois principaux jets en même tems, quand on a levé les quenouillettes.

PLANCHE II.

Elle repréſente le plan & profils de la fonderie, le plan des galeries & de la grille, & le plan & profils du fourneau où l'on fait fondre le bronze.

Fig. 1. Plan de la fonderie. A , la foſſe. B , le fourneau. C , la chauffe. D , les galeries. E , les plates-bandes de fer. F , l'écheno. G , la grille. H , les portes.
2. Profil de la fonderie par ſa largeur. A , le comble de l'attelier. B , la foſſe. C , le fourneau. D , les galeries. E , paſſage pour tourner autour du mur de recuit.
3. Profil de la fonderie par ſa longueur. A , le comble de l'attelier. B , la foſſe. C , le fourneau. D , la chauffe. E , les galeries. F , paſſage pour tourner autour des galeries.
4. Les galeries & la grille. A , les galeries. B , murs de grès des galeries. C , la grille de fer. D , les plates-bandes ou baſe de l'armature de fer. E , lien des galeries, ou embraſure de fer , qui renferme les murs des galeries. F , pointaux de l'armature de fer.
5. Plan du fourneau où l'on fait fondre le bronze. A , le fourneau. B , les portes du fourneau pour remuer le métal. C , la chauffe. D , la grille ſur laquelle on met le bois. E , paſſage par lequel le métal coule dans l'écheno. F , l'écheno. 1,1,1 , entrée des jets par leſquels le métal coule pour remplir l'eſpace occupé par les cires. 2,2,2,2 , iſſue des évents.
6. Profil du fourneau par ſa longueur. 1 , le fourneau. 2 , les portes. 3 , la chauffe. 4 , la grille. 5 , trou du tampon. 6 , l'écheno. 7, trou par lequel on jette le bois dans la chauffe.
7. Profil du fourneau en largeur. 1,1 , le fourneau. 2, 2, les portes. 3, la chauffe. 4, 4, les cheminées du fourneau.

N°. 22.

PLANCHE III.

Fig. 1. L'armature de fer qui a été faite dans le corps du cheval, avec les pointails & piliers butans pour ſoutenir la figure équeſtre.

PLANCHE III. N°. 2.

Fig. 2. Le moule de plâtre, qui eſt le creux du modele de plâtre de la figure équeſtre. 1 , 1,1 , 1, entailles ou hoches creuſes. 2 , 2, 2, 2 , entailles ou hoches de relief. 3 , 3 , 3 , premiere affiſe du moule.
3. Le plan de la premiere affiſe du moule de plâtre. 1 , 2, 3 , 4, 5 , 6, 7, 8 , 9 , 10, 11 , 12, 13 , 14, 15, 16, 17, 18 , 19, 20, 21, 22, 23, 24, 25, 26 , 27 , pieces du moule dans l'ordre qu'elles ont été faites. 28, 28, 28, pointails de l'armature de fer.

PLANCHE IV.

Fig. 1. La figure équeſtre de cire , avec les jets , les évents & les égoûts des cires. 1 , 1, 1 , &c. les jets. 2 , 2, 2 , &c. les évents. 3, 3, 3 , &c. les égoûts des cires. 4, 4, 4 , les attaches.

PLANCHE V.

Fig. 1. La figure équeſtre par le milieu de ſa longueur, comme elle eſt dans la foſſe, avec le noyau qui remplit la capacité renfermée par la cire ; l'épaiſſeur de la cire couverte du moule de potée , dans l'épaiſſeur duquel ſont les égoûts des cires, les jets & les évents, lequel moule de potée eſt environné de bandages de fer & entouré de briquaillons ou morceaux de briques qui rempliſſent toute la foſſe pour faire le recuit du moule de potée & du noyau. 1. Foſſe.
2. Fond de la foſſe avec les deux rangs de briques, l'un à plat, & l'autre de champ. 3. Galeries où l'on fait le feu , premierement pour retirer les cires dont le bronze doit prendre la place, & pour enſuite faire le recuit du moule de potée & du noyau. 4. Grille de fer. 5. Arcades de briques poſées ſur la grille qui porte les briquaillons. 6. Murs de la foſſe & murs du recuit. 7. Paſſage pratiqué entre le mur du recuit & la foſſe , pour faire le feu, pour retirer les cires , & pour obſerver ſi le noyau eſt en feu & s'il eſt recuit. 8. Fers de l'armature renfermés dans le noyau. 9. Noyau qui remplit la capacité renfermée par la cire. 10. Epaiſſeur de la cire qu'il faut retirer par la chaleur du feu, & dont le bronze doit prendre la place. 11. Moule de potée qui couvre les cires, qui contient dans ſon épaiſſeur les égoûts des cires, les jets & les évents, & qui eſt renfermé par le bandage de fer. 12. Epaiſſeur du bandage de fer. 13. Egoûts des cires. 14. Jets. 15. Events. 16. Briques arrangées de plat & de champ , & poſées ſur les arcades de la brique pour donner plus de liberté à la flamme. 17. Briquaillons ou morceaux de briques mis pêle-mêle dans la foſſe pour communiquer le feu juſqu'au haut de la figure. 18. Aire d'argille qui couvre les briquaillons pour en conſerver la chaleur. 19. Cheminées de brique poſées dans les briquaillons pour donner iſſue à la fumée. 20. Tuyaux de tôle élevés au-deſſus des jets & des évents pour donner iſſue à la fumée de la cire. 21. Mur de brique d'un pié d'épaiſſeur en arcade au-deſſus de la croupe du cheval, pour diminuer l'eſ-

pace qui contient les briquaillons. 22. Gouttieres de tôle pour faire écouler la cire, à mesure qu'elle se fond, dans des fébilles de bois hors le mur de recuit. 23. Tuyaux de tôle qui passent à-travers le mur de recuit, les briquaillons & le mur de potée, pour observer si le noyau est en feu & recuit. 24. Ouvertures dans le mur de recuit vis-à-vis des ouvertures des galeries, afin d'y mettre du bois. 25. Murs de brique pour renfermer tous les fers de l'armature qui portent la figure équestre, afin qu'ils ne fléchissent pas dans le tems du recuit. 26. Murs de brique qui sont posés sous le ventre du cheval & sous le bras qui est en l'air dans la figure, & qui sont élevés sur la grille, afin qu'ils portent solidement tout l'ouvrage.

Fig. 2. La figure équestre couverte du moule de potée, recouvert du bandage de fer. 1. Grille de fer sous les quatre jambes & sous la queue du cheval, auxquelles grilles les fers du bandage sont accrochés. 2. Fer au milieu desdites grilles, lequel passe à-travers les jambes & la queue du cheval. 3. Jets. 4. Egoûts des cires. 5. Events.

Nota. Ces figures & leurs explications sont extraites du livre de M. Boffrand, architecte du Roi, intitulé : *Description de ce qui a été pratiqué pour fondre en bronze d'un seul jet la figure équestre de Louis XIV. élevée par la ville de Paris dans la place de Louis le Grand en 1699.*

Pl. I.

Benard Fecit

Sculpture, Fonte des Statues Equestres.   AA

Attelier de la Fonderie et l'Opération de Couler la Figure en Bronze.

Pl. II.

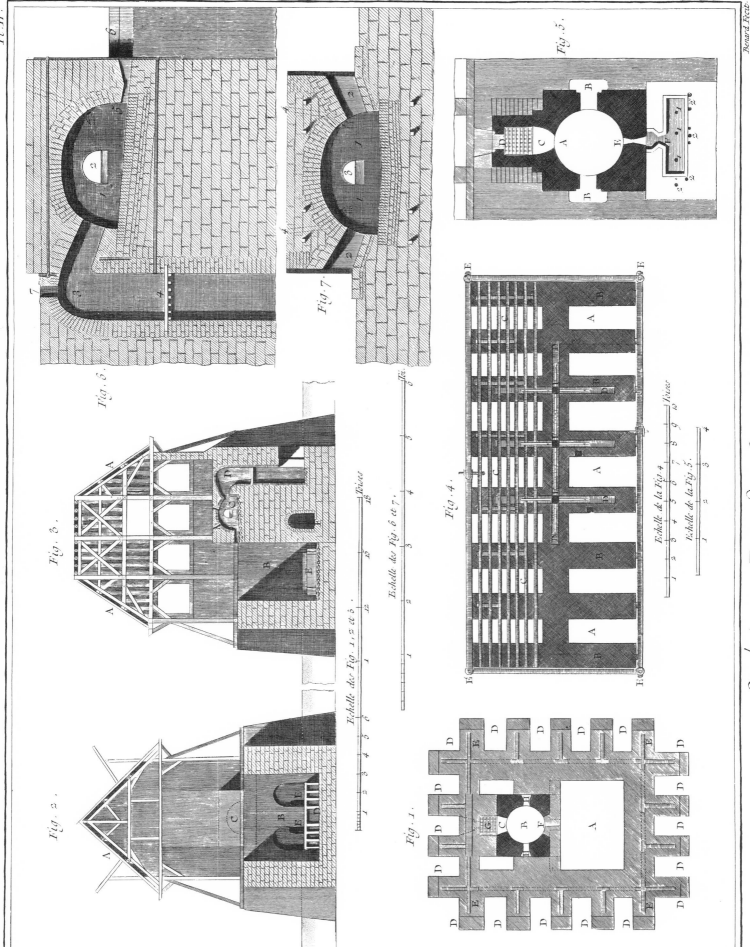

Fig. 2.

Fig. 3.

Fig. 6.

Fig. 7.

Fig. 5.

Fig. 4.

Fig. 1.

Echelle des Fig. 1, 2 et 3.

Echelle des Fig. 6 et 7.

Echelle de la Fig. 4.

Echelle de la Fig. 5.

Sculpture, Fonte des Statues Equestres.

Plan et Profils de la Fonderie, Plan des Galleries et de la Grille, et Plan et Profils du Fourneau ou l'on fait fondre la Bronze.

B.B

Pl. III.

Fig. 1.

Sculpture, Fonte des Statues Equestres.

Armature de fer qui a été faite dans le Corps du Cheval, avec les Pointails et Piliers butants pour soutenir la Figure Equestre.

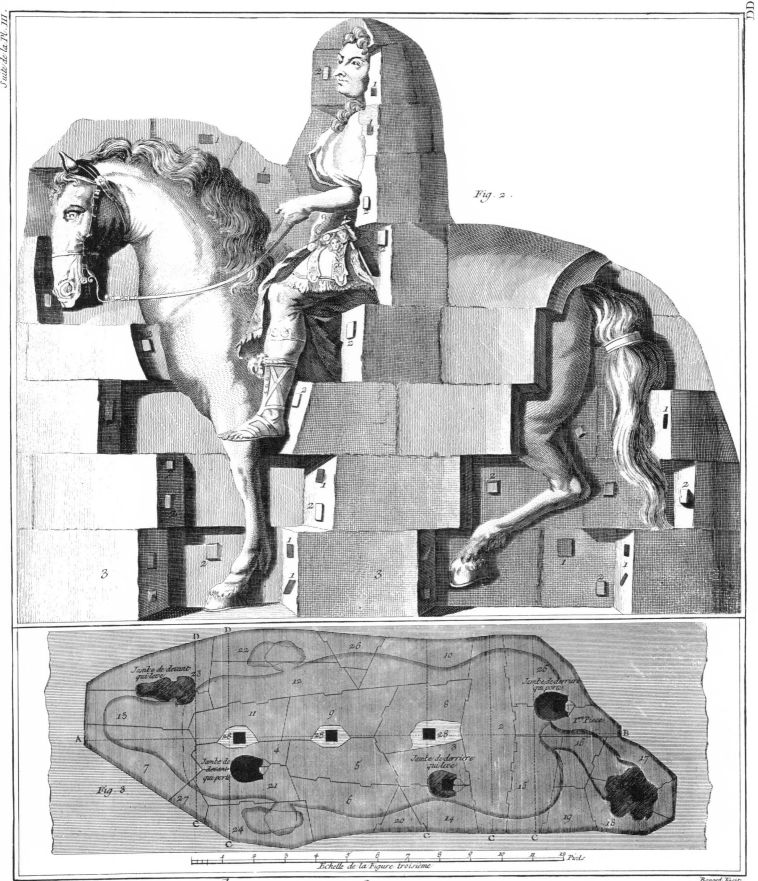

Suite de la Pl. III.

Fig. 2.

Fig. 3.

Echelle de la Figure troisième.

Benard Fecit.

Sculpture, Fonte des Statues Equestres.

Moule de Plâtre, qui est le creux du modéle de Plâtre de la Figure Equestre, et Plan de la premiere assise du Moule de Plâtre.

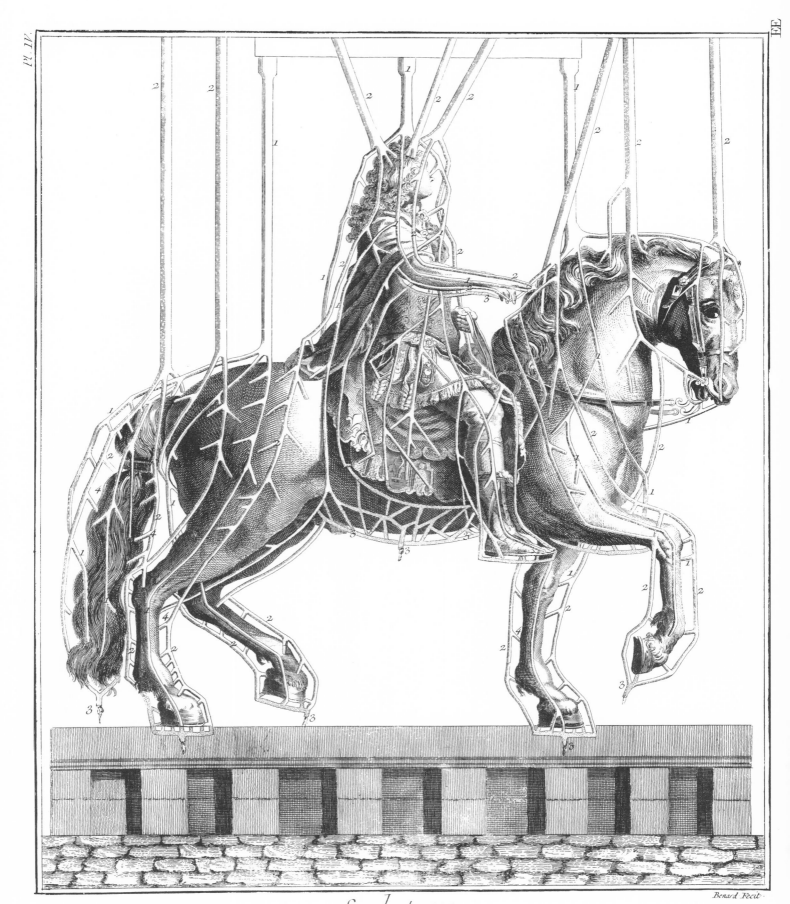

Pl. IV.

Benard Fecit.

Sculpture,
Fonte des Statues Equestres, Figure Equestre de Cire, avec les Jets, les Events et les égouts des Cires.

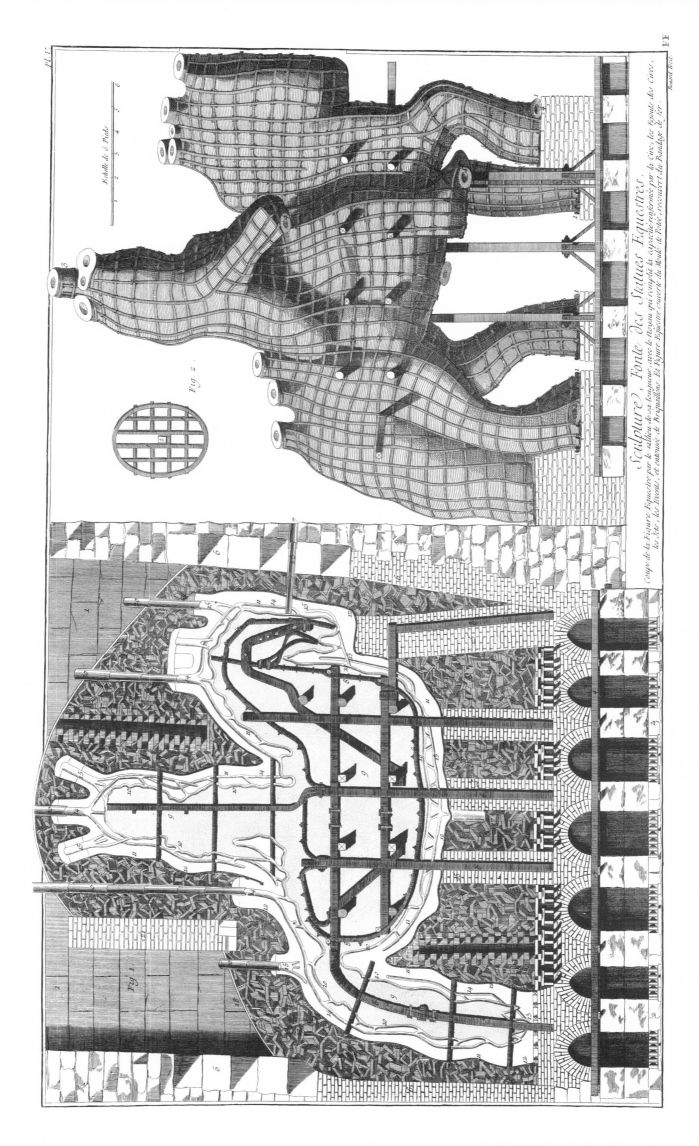

Pl. 17.

Fig. 2.

Echelle de 5 Pieds.

Fig. 1.

Sculpture, Fonte des Statues Equestres.

Coupe de la Figure Equestre par le milieu de sa longueur, avec le noyau qui remplit la capacité renfermée par la Cire, les bouts des Cires, les Airs, les Events, et entourée de Briquaillons. Et Figure Equestre couverte du Moule de Potée, recouvert du Bandage de fer.

Achevé d'imprimer
par MAME Imprimeurs à Tours
Dépôt légal : septembre 2001 (N° 01052208)